पेंगुइन स्वदेश

जानें और जीतें

शेयर बाजार

टॉ. विनोद कुमार एवं डॉ. आशा विनोद दोनों आर्थिक मामलों एवं शेयर बाज़ार के विशेषज्ञ हैं। इनकी कई पुस्तकें प्रकाशित हो चुकी हैं, जिनमें 'जानें और जीते शेयर बाजार' सर्वाधिक चर्चित रचना है। इन्होंने समाज सेवा के लिए भी उल्लेखनीय कार्य किया है। आप गाजियाबाद में रहते हैं एवं लेखन को अंतिम लक्ष्य बना लिया है।

जानें और जीतें

शेयर बाजार

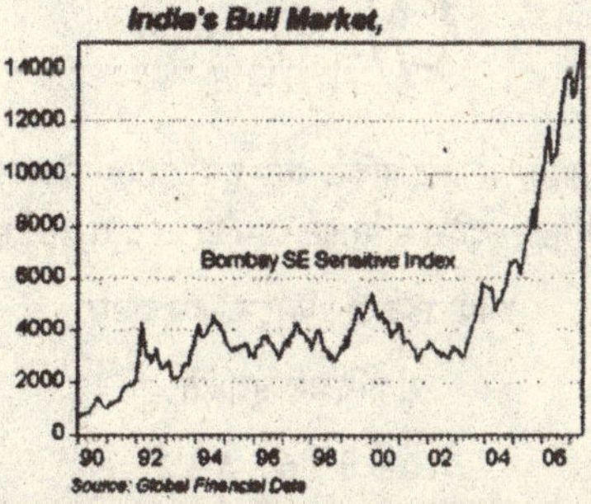

डॉ. विनोद कुमार
डॉ. आशा विनोद

पेंगुइन स्वदेश
पेंगुइन रैंडम हाउस इम्प्रिंट

पेंगुइन स्वदेश

यूएसए। कनाडा। यूके। आयरलैंड। ऑस्ट्रेलिया। सिंगापुर
न्यू ज़ीलैंड। भारत। दक्षिण अफ्रीका। चीन

पेंगुइन स्वदेश, पेंगुइन रैंडम हाउस ग्रुप ऑफ़ कम्पनीज़ का हिस्सा है,
जिसका पता global.penguinrandomhouse.com पर मिलेगा

पेंगुइन रैंडम हाउस इंडिया प्रा. लि.,
चौथी मंजिल, कैपिटल टावर-1, एम जी रोड,
गुड़गांव 122 002, हरियाणा, भारत

पेंगुइन
रैंडम हाउस
इंडिया

प्रथम संस्करण हिन्द पॉकेट बुक्स द्वारा 2009 में प्रकाशित
यह संस्करण पेंगुइन स्वदेश में पेंगुइन रैंडम हाउस द्वारा 2023 में प्रकाशित

10 9 8 7 6 5 4 3 2

इस पुस्तक में व्यक्त विचार लेखक के अपने हैं, जिनका यथासंभव तथ्यात्मक सत्यापन किया गया है, और इस संबंध में प्रकाशक एवं सहयोगी प्रकाशक किसी भी रूप में उत्तरदायी नहीं हैं।

ISBN 9789353490683

मुद्रकः रेप्रो इंडिया लिमिटेड

www.penguin.co.in

FSC
www.fsc.org
MIX
Paper from responsible sources
FSC® C047271

This is a legitimate digitally printed version of the book and therefore might not have certain extra finishing on the cover.

अपनी बात

शेयर बाज़ार आज हमारी अर्थव्यवस्था का अनिवार्य अंग बन गया है। लेकिन इतना चंचल है कि किसी के काबू में नहीं आता है। बाज़ार की दशा और दिशा की सूचना देने के लिए सेंसेक्स का उपयोग किया जाता है। सेंसेक्स स्वयं में अति संवेदनशील है। आज चारों ओर सेंसेक्स शब्द की ही धूम है। चाहे अख़बार हो, चाहे मीडिया हो, टी.वी. चैनल, पत्रिकाएं, गोष्ठियों आदि में सेंसेक्स की ही चर्चा है। अब तो कुछ लोग चटकारे लेकर यहां तक कहने लगे हैं कि–

सेंसेक्स ही सत्य है,
सेंसेक्स ही सुन्दर है।
सेंसेक्स ही खुशी है,
सेंसेक्स ही सुनामी है।

इस पुस्तक में इसी सेंसेक्स की विस्तार से चर्चा की गई है। और शेयर बाज़ार को जीतने के तरीके बताए गए हैं। इसके लिए अनुभवी विश्लेषकों की राय, शेयर का मनोविज्ञान, गणितीय सूत्र, इतिहास, नियमों आदि से निवेशक को सुसज्जित किया गया है। यह भी बताया गया है कि किन शेयरों को खरीदें, किन्हें बेचें और किन्हें अपने पास रोकें।

लेखकों ने भरसक प्रयास किया है कि निवेशकों को अद्योपांत (up-to-date) जानकारी दी जाए। निवेशकों से उम्मीद है कि वे अपनी जानकारी को अद्यतन करते रहेंगे और अन्ततः जीतेंगे।

–डॉ. विनोद कुमार
–डॉ. आशा विनोद

पुस्तक के अन्दर

1

चतुर विनियोक्ता जानते हैं

सभी लोग अपना पैसा दूसरों के हाथ में नहीं सौंप देते हैं। कुछ ही व्यक्ति ऐसे होते हैं, जो दूसरों के हाथ में अपना पैसा सौंपने का जोख़िम उठाते हैं। भविष्य में लाभ कमाने और फायदा प्राप्त करने तथा साथ में अपना मूलधन वापस पाने की आशा में, जो व्यक्ति अपना धन दूसरों को सौंप देते हैं, उन्हीं को विनियोक्ता कहते हैं। यह ऐसा वर्ग होता है, जो अपने धन से दूसरों से कार्य कराकर लाभ कमवाता है और उस लाभ का कुछ हिस्सा स्वयं प्राप्त करता है। जो लोग अपना धन लगाते हैं, उन्हें विनियोक्ता और जो धन लगाया जाता है उसे विनियोग कहा जाता है। धन लगाने वाले सभी व्यक्ति विनियोक्ता तो बन जाते हैं, लेकिन उनमें भी कुछ व्यक्ति अत्यन्त चतुर श्रेणी के होते हैं, जिन्हें चतुर विनियोक्ता कहा जाता है। इस वर्ग के विनियोक्ता अपनी बुद्धि, मेहनत और चतुराई का इस प्रकार से उपयोग करते हैं, ताकि विनियोजित धनराशि पर ज्यादा-से-ज्यादा लाभ हो।

विनियोग के साधन

कोई भी व्यक्ति अपना धन कई क्षेत्रों एवं साधनों में लगा सकता है। इस कार्य के लिए निवेशक स्वतन्त्र हैं। वर्तमान में धनराशि विनियोग करने के लिए अनेक साधन उपलब्ध हैं। विनियोग के लिए उपलब्ध कुछ प्रमुख

क्षेत्र व साधन निम्नलिखित हैं–

इक्विटी शेयर

– ब्लू चिप्स शेयर

– ग्रोथ शेयर

– इनकम शेयर

– सट्टे वाले शेयर आदि।

स्थाई आय वाले विनियोग

– पूर्वाधिकारी शेयर

– डिबेन्चर

– पब्लिक सेक्टर के बॉण्ड

– किसान विकास पत्र

– सरकारी प्रतिभूतियां

डिपॉजिट

– बैंक डिपॉजिट

– कम्पनियों में डिपॉजिट

– पोस्ट आफिस डिपॉजिट

– फर्मों के पास डिपॉजिट

इनकम टैक्स बचाने वाले विनियोग

– भविष्य निधि

– पब्लिक प्राविडेंट फण्ड

– राष्ट्रीय बचत पत्र

– म्यूचुअल फण्डों की विभिन्न योजनाएं

– जीवन बीमा की योजनाएं।

सम्पत्तियों में विनियोग

– ज़मीन-जायदाद।

– मूल्यवान धातुएं व जवाहरात जैसे सोना, चांदी, हीरा आदि।

– खानें

– उच्चस्तर की कलाकारी की वस्तुएं आदि।

– वन सम्पदा आदि।

सभी विनियोक्ता अपनी रुचि, जोखिम सहन करने की क्षमता, आवश्यकता, उद्देश्य धन की उपलब्धता आदि के अनुसार उपयुक्त साधनों में विनियोग करते हैं। शेयरों को छोड़कर अन्य सभी साधनों में अपेक्षाकृत जोखिम की मात्रा कम है और उनके उद्देश्य भी निश्चित हैं। यहां पर इस बात की चर्चा की जा रही है कि शेयरों में विनियोग करके कैसे मनचाहा लाभ कमाया जाए।

शेयर संस्कृति (Share Culture)

जिसके पास बचत है, वह कहीं-न-कहीं विनियोग अवश्य करेगा और उसके लिए विनियोग के अनेकों साधन भी उपलब्ध हैं। लेकिन वर्तमान में हमारे समाज का एक बड़ा हिस्सा शेयर बाजार की संस्कृति से प्रभावित है। जो लोग कम्पनियों के इक्विटी शेयरों में रुचि रखते हैं, इन शेयरों में काफी धनराशि विनियोग की हुई है या निकट भविष्य में धनराशि विनियोजित करने जा रहे हैं या विनियोजित करना चाह रहे हैं इक्विटी शेयरों में पैसा लगाना उनका व्यवसाय है। पेशा है या आदत है। वे लोग शेयर बाजार की प्रत्येक हलचल से प्रभावित होते हैं। जिन कम्पनियों के शेयर खरीद रखें हैं, उनके काम-काज या उनमें किसी प्रकार के परिवर्तन से प्रभावित होते हैं। विनियोग के प्रति चिन्तित भी यही वर्ग रहता है। इस वर्ग की सबसे बड़ी चिन्ता रहती है कि किस प्रकार कम-से-कम जोखिम उठाकर अधिक से अधिक लाभ कमाया जाए।

एक ओर शेयर बाजार आज आम जनता की जुबान पर है। दूसरी ओर यह भी सत्य है कि देश की 70 से 80 प्रतिशत जनता शेयर बाजार का सिर-पैर कुछ भी नहीं जानती है। केवल चन्द रटी-रटाई बातों और दलालों द्वारा बताई गई बातों के सहारे शेयर बाजार की जानकारी रखने का भ्रम पाले हुए हैं। आज देश में लगभग 20 करोड़ निवेशक हैं, जिनमें से लगभग 15 करोड़ निवेशक तो सीधे-सीधे दलालों से जुड़े हुए हैं। दलाल जो कुछ भी उन्हें बताते हैं वे वैसा ही करते हैं।

यद्यपि देश में शेयर बाजार स्थापित करने का काम तो 19वीं शताब्दी में शुरू हो गया था, जब 1875 में मुम्बई के कुछ शेयर दलालों ने मिलकर एशोसिएशन गठित कर ली थी, और शेयरों का कारोबार प्रारम्भ किया था। मुम्बई का शेयर बाजार एशिया का सबसे पुराना शेयर बाजार है। शेयर बाजार का भारत में लम्बा इतिहास रहा है। लेकिन लगभग 100 वर्षों तक शेयर बाजार कुछ चन्द लोगों का अड्डा रहा है और इन बाजारों का व्यवसाय अत्यंत छोटी श्रेणी का रहा है।

शेयर बाजार एक ऐसा स्थान है, जहां पर केवल इस बाजार के सदस्य अपने ग्राहकों के लिए या अपने लिए बाजार में पहले से ही सूचीबद्ध प्रतिभूतियां जैसे–शेयर, डिबेंचर, बॉण्ड आदि का क्रय-विक्रय करते हैं। तकनीकी भाषा में बाजार के इन सदस्यों को शेयर दलाल कहा जाता है। इस समय देश में वैसे तो कई शेयर बाजार हैं जो मुम्बई, मद्रास, इन्दौर अहमदाबाद, बंगलौर, जयपुर, कानपुर, पूना, पटना, लुधियाना, मंगलौर, हैदराबाद, गुवाहटी, दिल्ली, कोचीन, भुवनेश्वर, राजकोट, बड़ोदा, कोयम्बटूर कलकत्ता आदि शहरों में स्थित हैं। लेकिन वर्तमान में मुख्य रूप से राष्ट्रीय स्तर के दो ही स्टॉक एक्सचेंज हैं, जिनमें बड़ी मात्रा में कारोबार होता है। पहला बाम्बे स्टाक एक्सचेंज (BSE) और दूसरा नेशनल स्टाक एक्सचेंज (NSE)।

चूंकि अब शेयर और शेयर बाजार की जानकारी काफी फैल चुकी है।

समाज का एक बड़ा हिस्सा शेयरों की चर्चा करता रहता है तथा विभिन्न प्रकार की जानकारी के लिए उत्सुक रहता है। अतः अब कहा जा सकता है कि भारत में शेयर संस्कृति फल-फूल रही है।

शेयर होल्डर (Share Holder)

कम्पनियों के शेयर खरीदने वाले व्यक्तियों को शेयर होल्डर कहा जाता है। इक्विटी शेयरों के शेयर होल्डर कम्पनी के स्वामित्व में हिस्सेदार होते हैं। शेयरों का सौदा एक कठिन और जोखिमपूर्ण सौदा है। जिसे केवल जोखिम सहन कर सकने वाले व्यक्ति ही सफलतापूर्वक कर सकते हैं। अतः शेयर होल्डर होना गौरव की बात है।

शेयर होल्डरों को क्या मिलता है?

शेयर होल्डर को जो कुछ भी मिलेगा, वह भविष्य में ही मिलेगा। यदि किसी कम्पनी के इक्विटी शेयरों में धनराशि विनियोजित की गई है, तो भविष्य में शेयर होल्डर को काफी कुछ मिल सकता है। जैसे–

1. कम्पनी के लाभों में हिस्सा, जिसे डिवीडेन्ड कहा जाता है। यह सीधी आय है।
2. बोनस शेयर के रूप में कम्पनी के रक्षित लाभों में हिस्सा। इससे शेयरों की संख्या बढ़ जाती है और इन शेयरों के लिये कुछ, भुगतान भी नहीं करना होता।
3. राईट शेयर के रूप में भविष्य में कम्पनी की बढ़ने वाली पूंजी में हिस्सा।
4. कम्पनी के प्रबन्ध में प्रत्यक्ष या अप्रत्यक्ष रूप से हिस्सेदारी, क्योंकि शेयर होल्डर कम्पनी के अनुपातिक रूप में स्वामी होते हैं।
5. कम्पनी का स्वामी होने का गौरव।

6. बाजार में शेयरों का मूल्य बढ़ने पर पूंजीगत लाभ।
7. उत्तराधिकार में शेयरों का स्वतः हस्तान्तरण।

इसके अतिरिक्त शेयर होल्डर को कुछ सहन भी करना होगा जैसे-

1. जोखिम
2. पूंजीगत हानि।
3. पूंजी के वर्तमान उपभोग से वंचित रहने का त्याग।
4. लाभों की प्रतीक्षा।

क्या आप सफल निवेशक हैं ?

अपनी आवश्यकताओं को पूरा करने के बाद किसी व्यक्ति के पास जो धन बचता है, उसे उसकी नकद पूंजी कहा जाता है। ब्याज, लाभ या आय कमाने के उद्देश्य से इस पूंजी को ऐसे व्यक्ति या संस्था को सौंप दिया जाता है, जो पूंजी को सुरक्षित रखते हुए कुछ आय भी प्रदान करे। वर्तमान समय में शेयर बाजार के माध्यम से या सीधे शेयरों या अन्य प्रकार की प्रतिभूतियों में काफी मात्रा में पूंजी का निवेश किया जा रहा है। आज हर व्यक्ति निवेशक बन रहा है। निवेशक बनना अच्छी बात है। लेकिन यदि एक अच्छा और सफल निवेशक बना जाए, तो और भी अच्छी बात होगी। यद्यपि निवेश के लिए अनेक योजनाएं उपलब्ध हैं जैसे–कम्पनी डिपॉजिट, बैंक डिपॉजिट, पोस्ट ऑफिस डिपॉजिट, कंपनी डिबेंचर, म्यूचुअल फण्ड आदि। इन योजनाओं में विनियोग करने के लिए किसी विशेष योग्यता की आवश्यकता नहीं होती है और न ही किसी प्रकार की चिन्ता करने या होमवर्क करने या दिन-प्रतिदिन की घटनाओं या सूचनाओं के लिए भाग दौड़ करने की आवश्यकता है क्योंकि इन विनियोगों के लिए नियम बने हुए हैं। सब कुछ निश्चित है, कानूनी सुरक्षा है, विनियोग प्राप्त करने वालों का दायित्व निर्धारित है। अतः इस प्रकार के विनियोगों के लिए किसी विशेष चतुराई की आवश्यकता नहीं है।

इक्विटी शेयरों का विनियोग एक ऐसा विनियोग है, जिसमें कुछ भी

निश्चित नहीं है। यहां तक कि कम्पनी यदि भारी मात्रा में लाभ कमा रही है, तब भी आवश्यक नहीं है कि आपको डिवीडेन्ड मिलेगा ही। इस विनियोग में जोखिम-ही-जोखिम है। लेकिन यही एक विनियोग है, जिसमें भारी जोखिम है, तो भारी लाभ भी है। इतिहास बताता है कि इक्विटी शेयरों में विनियोग करके जिन लोगों ने भारी जोखिम उठाया है उन्होंने करोड़ों में मुद्रा भी कमाई है। अतः विनियोक्ता की चतुराई का प्रश्न इसी विनियोग में उठता है, क्योंकि जो चतुर हैं उन्होंने शेयर बाजार को एक प्रकार से लूटा है। विभिन्न प्रकार के निवेशकों की आदतों एवं गुणों का विश्लेषण करने के बाद यह निष्कर्ष निकला है कि निम्नलिखित आदतों या गुणों वाले निवेशक अच्छे और सफल निवेशक माने जाते हैं–

1. जो अपने विचार और निर्णय पर दृढ़ रहते हैं।
2. जो अफवाहों के स्थान पर सूचनाओं के आधार पर निर्णय लेते हैं।
3. जो अपना होमवर्क करते हैं।
4. जो धैर्यवान होते हैं।
5. जो लालची नहीं होते हैं।
6. जो गर्म लोहे पर चोट करते हैं अर्थात समय पर निर्णय लेते हैं।
7. जो अपनी गलती के लिए दूसरों पर दोषारोपण नहीं करते।
8. जो दूसरों की गलतियों का लाभ उठाते हैं।
9. जो भाग्य पर नहीं, कर्म पर विश्वास करते हैं।
10. जो अपनी गलती को, ज्ञात होने पर तुरन्त सुधार लेते हैं।
11. जो लाभ या हानि दोनों परिस्थितियों में समान व्यवहार करते हैं।
12. जो अपने निवेश के प्रति हमेशा चौकन्ना रहते हैं।

यदि आप सफल निवेशक हैं तो अच्छी बात है, नहीं तो बनिए।

ऐसा ही होता है

(यदि अन्य बातें समान रहें)

शेयर और शेयर बाजार से सम्बन्धित कुछ तथ्य इस प्रकार के होते हैं कि यदि परिस्थितियां असाधारण न हों, और कोई विपरीत तथ्य प्रभावी न हो जाए, तो वे बातें अवश्य लागू होंगी। और उनके परिणाम भी पूर्व निर्धारित ही रहते हैं। यहां पर इन बातों का उल्लेख इसलिए किया जा रहा है, ताकि विनियोक्ता इन पूर्व निर्धारित परिणामों से अनभिज्ञ न रहें। इन बातों के लिए अब भविष्य में किसी प्रकार की छानबीन या शोध की आवश्यकता नहीं है, क्योंकि यदि अन्य बातें समान रहें, तो इनके परिणामों के परिवर्तित होने की सम्भावना नहीं रहती है। इस प्रकार की कुछ प्रमुख बातें निम्नलिखित हैं–

- यदि देश में सकल राष्ट्रीय उत्पाद (Gross National Product) की वृद्धि दर ऊंची है, तो शेयर बाजारों के लिए अच्छी स्थिति होगी, क्योंकि शेयर बाजारों में खुशहाली का वातावरण रहता है।
- यदि देश में बचत और विनियोग की दर ऊंची है, तो शेयर बाजार के लिए उत्तम स्थिति होती है।
- यदि सम्पूर्ण रूप से देखा जाए तो कोमल स्तर की मुद्रास्फीति शेयर बाजार के लिए श्रेष्ठ होती है।
- भारत में मानसून कृषि के साथ-साथ औद्योगिक जगत और शेयर बाजार दोनों में अपनी छाया डालता है।
- किसी शेयर की मांग अधिक हो जाने पर उसका मूल्य बढ़ जाता है और पूर्ति अधिक हो जाने पर मूल्य घट जाता है।
- देश में राजनीतिक उथल-पुथल से शेयर बाजार भी प्रभावित होते हैं।
- भारत सरकार के वार्षिक बजट से शेयर बाजार प्रभावित होता है।

- यदि पड़ोसी देशों से युद्ध होता है, तो शेयर बाजार भी अछूते नहीं रहते। यदि युद्ध लम्बा होता है, तो शेयर बाजार में गिरावट की स्थिति आती है।
- शेयर बाजार की शिकायत या वही लोग रोना रोते हैं, जिन्हें हानि होती है।
- शेयर इंडेक्स में परिवर्तन से आवश्यक नहीं है कि सभी शेयरों के मूल्य प्रभावित हों। शेयर इंडेक्स गिरने पर भी कुछ शेयरों के मूल्य बढ़ते हैं।
- किसी शेयर का बाजार मूल्य उस शेयर की प्रति शेयर अर्निंग से निश्चित रूप से प्रभावित होता है।
- आवश्यक नहीं है कि किसी शेयर का बाजार मूल्य और उसका वास्तविक मूल्य दोनों बराबर हो।
- जोखिम और प्रतिफल (Return) में सामान्यतः धनात्मक सम्बन्ध होता है, अर्थात ऊंची जोखिम में ऊंचा लाभ, नीची जोखिम में कम लाभ।
- जब तक पैसा तिजोरी में रहेगा, तब तक उस पैसे से लाभ नहीं कमाया जा सकता है।
- कम्पनी की कारगुजारियों के लिए शेयर होल्डर जवाबदेह नहीं है। इसी प्रकार शेयर होल्डर की कारगुजारियों के लिए कम्पनी ज़िम्मेदार नहीं है।
- कम्पनी को लाभ हो या हानि, डिबेंचर होल्डर को निर्धारित ब्याज अवश्य मिलेगा।
- शेयर बाजार में केवल पंजीकृत दलाल के माध्यम से ही कोई सौदा किया जा सकता है।
- दलाल आपके सौदे में होने वाले लाभ या हानि के लिए उत्तरदायी नहीं है।

- दलाल एजेंट के रूप में कार्य करता है, उसका कर्त्तव्य आपके आदेश का पालन करना होता है।
- क्रेडिट रेटिंग एक परामर्श होता है। इसे मानना या न मानना विनियोक्ता पर निर्भर है।
- लाभांश का भुगतान केवल नकदी में ही हो सकता है।
- शुक्रवार के दिन शेयरों के मूल्यों में सामान्यतया तेज़ी का रूख रहता है, क्योंकि सामान्यतः शुक्रवार के दिन खुले अन्त वाले म्यूचुअल फण्डों की यूनिटों का मूल्यांकन किया जाता है।
- सामान्य परिस्थितियों में फरवरी माह में शेयरों के मूल्य गिरते हैं, क्योंकि केन्द्रीय बजट के कारण स्थिति अस्पष्ट होती है।
- अक्टूबर और नवंबर के महीनों में शेयरों के मूल्यों में तेजी का रूख रहता है, क्योंकि एक तो दीपावली, दशहरा आदि त्योहारों के कारण मांग बढ़ जाती है, दूसरे इन महीनों में अधिकांश कम्पनियों की बैलेंसशीट आदि प्रकाशित होती हैं।
- देश में सामान्य चुनाव से पूर्व शेयरों के मूल्य में गिरावट आती है।
- प्रत्येक वर्ष 31 मार्च को प्रतिभूतियों के मूल्य जान-बूझकर गिराए जाते हैं या गिरते हैं, क्योंकि इस तिथि के मूल्य का उपयोग धन कर (Wealth Tax) की गणना के लिए सम्पत्तियों का मूल्य निकालने के लिए किया जाता है।
- कल के एक रुपए से आज का एक रुपया अधिक मूल्यवान है।
- यदि किसी शेयर का प्रति शेयर अर्निंग मूल्य अधिक होगा, तो उस शेयर का आन्तरिक (Intrinsic Value) मूल्य भी अधिक होगा।
- यदि कम्पनी का पे-आउट्रेशो ऊंचा होगा, तो शेयर का आन्तरिक मूल्य भी ऊंचा होगा।
- यदि ग्रोथ रेट ऊंची है, तो शेयर का आन्तरिक मूल्य भी ऊंचा होगा।
- यदि किसी शेयर की बुक वैल्यू अधिक है, तो उस शेयर का आन्तरिक मूल्य भी ऊंचा होगा।

- अधिकांश राइट इश्यू प्रीमियम पर जारी होते हैं।
- शेयर बाजार में मुख्य रूप से दो ही खतरनाक जानवर होते हैं: बुल और बियर।

2

क्या कहते हैं शेयर बाजार के अनुभवी विश्लेषक

शेयर बाजार से बहुत लोगों ने पाया है और बहुतों ने खोया है। शेयर का व्यापार करते-करते जिनके बाल सफेद हो गए, जिन्होंने शेयर बाजार को बहुत अन्दर से देखा है, प्रभावित हुए हैं और अनुभव कमाया है। वे लोग विनियोक्ताओं के लिए पितामह ही हैं। ऐसे लोगों ने जो कुछ भी कहा है, अनुभव से ही कहा है और उनकी कही हुई बातें आज भी अकाट्य हैं। वैसे तो शेयर बाजार इतना अनिश्चित है कि उसके सम्बन्ध में दावे के साथ कुछ भी कहना व्यर्थ है, लेकिन फिर भी इन अनुभवी लोगों ने जो कुछ भी कहा है, सलाह दी है, उनके अनुसार कार्य करने में सफलता का प्रतिशत अवश्य बढ़ जाता है। हमें भी इन बातों का मनन करना चाहिए। क्या कहा है इन अनुभवी विश्लेषकों ने–

I – मनन की बातें

- पैसे कमाने में 10 प्रतिशत हिस्सा दैवयोग का तथा 90 प्रतिशत हिस्सा पसीने का होता है।
- कोई शेयर अच्छा या बुरा नहीं होता है, उसका मूल्य उसे अच्छा व बुरा बना देता है।
- शेयर बाजार में केवल शेयर भुनाए जाते हैं।
- शेयरों से कोई आय भविष्य में ही प्राप्त होगी, जिसके लिए प्रतीक्षा तो करनी ही होगी।

- इक्विटी शेयरों से प्राप्त होने वाली आय निश्चित नहीं होती है। यह शून्य भी हो सकती है।
- शेयर बाजार में राई का पर्वत भी बनता है। जैसे शेयर इन्डेक्स 20000 से भी ऊपर पहुंच चुका है।
- शेयर बाजार में लोगों की याददाश्त निश्चित रूप से कमज़ोर होती है।
- शेयर बाजार में तेज़ी के बाद मंदी और मंदी के बाद तेज़ी का चक्र चलता ही रहता है, और चलता रहेगा। दोनों में कोई हमेशा नहीं रहेगा।
- तेजड़िये के लिए कोई शेयर महंगा नहीं है और मंदडिए के लिए कोई शेयर सस्ता नहीं है।
- अधिक पाने के लिए सबसे अलग तो चलना ही होगा।
- शेयर बाजार में शेयरों के क्रय-विक्रय से सम्बन्धित कम्पनी को कुछ लेना-देना नहीं है।
- जिस फार्मूले से सभी लोग विनियोग कर रहे हैं, निश्चित रूप से उस फार्मूले से कम लाभ होगा।
- विनियोग का कोई एक फार्मूला हमेशा सफल भी नहीं हो सकता है।
- शेयर के सौदे में क्रेता और विक्रेता एक दूसरे को जानते तक नहीं हैं।
- शेयर कारोबार में तभी लाभ होगा, जब दूसरे लोग गलती करेंगे।
- जब तक पैसा आपके पास है, तब तक उससे लाभ नहीं कमाया जा सकता।
- शेयर खरीदना बहुत आसान है, लेकिन उसकी बिक्री कठिन है।
- एक ही शेयर, एक ही समय में कई लोगों के लिए लाभदायक नहीं हो सकता।
- शेयर कारोबार में मूर्ख और कमजोर व्यक्ति भाग्य पर तथा चतुर और

मेहनती व्यक्ति कारण और परिणाम पर भरोसा करते हैं।

- शेयरों पर उत्तराधिकार का नियम लागू होता है। अतः शेयर धारक की मृत्यु की स्थिति में भी बेकार नहीं होंगे।
- शेयरों का विनियोग हमेशा रेडीमेड रहता है।
- शेयर एक कागज का टुकड़ा है। अतः चतुर लोग उचित समय तक ही इसे अपने पास रखते हैं।
- आज का एक रुपया कल के एक रुपए से अधिक मूल्यवान है।
- भूतकाल का आकर्षक लाभ या लाभांश, भविष्य के लिए कोई गारंटी नहीं है।
- भविष्य उनका है, जो इसे बनाते हैं।
- एक बार विनियोग खो जाने पर कई वर्षों तक वापस नहीं आता है।
- शेयर खरीद का कोई अवसर तभी लाभदायक हो सकता है, जब आपके पास रुपए हों।
- शेयर का सर्वश्रेष्ठ सौदा भीड़ नहीं, वरन् एक अकेला व्यक्ति ही कर सकता है।
- सभी प्रश्नों का उत्तर जानने वाला विनियोक्ता, प्रश्न तक नहीं समझ सकता है।
- जब विनियोक्ता एक साथ हरकत में आते हैं, तो वे बड़ी ताकत बन जाते हैं।
- शेयर बाजार कोई विश्वविद्यालय नहीं है, जहां किताबें पढ़ाईं जाती हैं। शेयर बाजार में तो केवल अनुभव काम आता है।
- शेयर बाजार में खोना और पाना तो लगा ही रहता है।
- शेयर खरीदने के समय भीड़ का निर्णय अच्छा हो सकता है, लेकिन बेचते समय बिल्कुल नहीं।
- शेयर बाजार की कोई जानकारी जब तक जनता के पास पहुंचती है तब तक वह पुरानी और महत्वहीन हो चुकी होती है।

- अच्छा पोर्टफोलियो रातोरात नहीं बनाया जा सकता है। इसमें समय और मेहनत लगती है।
- शेयर बाजार में गलितयों से न घबराएं, लेकिन उन्हें तुरंत सुधारें।
- कोई भी शेयर हमेशा ऊंचा नहीं रह सकता।
- शेयरों का सौदा कर रहे हैं, कम्पनी का नहीं। याद रखे, दोनों अलग हैं।
- शेयर बाजार में धीरे-धीरे पैसा कमाना बेहतर है।
- पैसा कमाना एक दिमागी कला है, ज़्यादातर लोग इसे लेकर पैदा होते हैं।
- शेयर बाजार वायदों की दुनिया है।
- शेयर बाजार में जानवर तो बहुत हैं, लेकिन धन का खेल खेलने वाले मुख्यतः तीन खिलाड़ी ही हैं। तेजड़िया, मंदडिया और निवेशक।
- शेयर बाजार से खिलाड़ी धन खाते हैं, धन पीते हैं, धन में सोते हैं और धन के सपने देखते हैं।
- गली कूचों में या अनजान व्यक्तियों के माध्यम से शेयर के सौदे करना अपने धन को खोने का आसान तरीका है।
- आपके पोर्टफोलियो के शेयर, बाजार के साथ न चल रहे हों, तो चौकन्ने हो जाइए।
- शेयर बाजार की पाचनशक्ति मजबूत है। वह अच्छी और बुरी सभी सूचनाओं को हजम कर जाता है।

II – कुछ सलाहें भी हैं–

शेयर बाजार के जानकार और अनुभवी लोगों ने आगे आने वाली नई पीढ़ी को कुछ सलाहें भी दी हैं, जो अत्यन्त ही मूल्यवान हैं। यदि नये निवेशक इन सलाहों के प्रति चौकन्ने रहें तो उनका भला ही होगा।

निवेशक क्या करें

- अपने पोर्टफोलियो के मूल्य का एक तिहाई विनियोग नकदी के

बराबर रखें। अर्थात् एक तिहाई प्रतिभूतियां तुरंत नकदी में परिवर्तनशील हों।

- विकासशील उद्योग की मजबूत आधार वाली कम्पनियों के शेयर खरीदें।
- निम्न ऋण पूंजी वाली कम्पनियों के शेयर अच्छे सिद्ध होते हैं।
- उपभोक्ता उत्पादों के क्षेत्र में अन्तर्राष्ट्रीय ख्याति वाली कम्पनियों के शेयर खरीदें।
- मजबूत आधार वाली कम्पनियों के शेयर मंदे बाजार में बिना हिचक तुरंत खरीदें।
- जब दूसरे बिक्री पर अमादा हों, तब खरीदें, जब दूसरे खरीदने पर अमादा हो, तो बेचें।
- भूल से खरीदे गए शेयरों को तुरंत बेच दें।
- अधिकतम निराशावादी समय में खरीदे, आशावादी समय में बेचें।
- कोई बिक्री तभी करें, जब उसके स्थान पर कोई खरीद का बेहतर सौदा सामने हो।
- कम-से-कम 10 शेयर अपने पोर्टफोलियो में रखें, लेकिन वे कम से कम 5 भिन्न उद्योगों के हों।
- प्रत्येक 6 माह में पोर्टफोलियो की समीक्षा अवश्य करें।
- शेयर पर निर्णय लेते समय केवल डिवीडेन्ड की ओर ही न देखें।
- हानि के समय देरी न करें। लाभ उठाने में जल्दी न करें।
- जब शेयर बाजार मंदा हो, तब उधार लेकर भी शेयर खरीदें।
- अच्छी कम्पनियों के शेयर लम्बे समय तक सुरक्षित रखें, उन पर बोनस शेयर लें, लाभांश भी लें। हो सकता है राइट शेयर भी मिलें।
- लालच की सीमा निर्धारित करें? उस सीमा से आगे न जाएं। खतरा हो सकता है।
- शेयर खरीद के साथ ही, उसकी बिक्री की योजना भी बनाएं।

कुछ बातों से दूर रहें

1. प्राइमरी बाजार से बचें। गत वर्ष के नए इश्यूओं में लगभग 80% इश्यू साधारण स्तर से भी नीचे रहे हैं।
2. वित्त कम्पनियों के शेयरों से बचें। यह कम्पनियां अनेक शाब्दिक नामों से शुरू की गई हैं।
3. यदि आपके पास समय और वैज्ञानिक जानकारी नहीं है, तो म्यूचुअल फण्डों में पैसा लगाएं अन्यथा बचें।
4. जिन कम्पनियों में अंधाधुंध विस्तार हो रहा है और बार-बार राईट शेयर जारी कर रही हैं उनके शेयरों से दूर रहें।
5. उन कम्पनियों के शेयर न खरीदें जिन कम्पनियों में प्रबन्धकों की हिस्सेदारी नहीं है।
6. घटते विनियोग से तुरंत छुटकारा पाएं, अन्यथा पूंजी खोने का सरल तरीका होगा।
7. जिन शेयरों के सम्बन्ध में आप जानते नहीं, उन पर अपने निवेश का 25 प्रतिशत से अधिक धन न लगाएं।
8. इंसाइडर न्यूज से बहुत दूर रहें। यह केवल अफवाह होती है।
9. शेयरों के विषय में जानकारी लें, सलाह नहीं।
10. सट्टे के शेयरों से बचें।
11. अनलिस्टेड शेयर न खरीदें।
12. उन शेयरों से दूर रहे जिनके सौदे छठे-छमाही होते हैं।
13. शेयर सौदों में साझेदारी ठीक नहीं होती, क्योंकि उचित समय पर कोई निर्णय अकेले ही लिया जा सकता है।
14. उन नई कम्पनियों के शेयरों से भी बचना चाहिए जो बिना किसी अनुभव के नए टेक्नोक्रेट या प्रोफेशनल के द्वारा प्रारम्भ की गई है। टेक्नोक्रेट टेक्नोलॉजी तो जानते हैं, लेकिन व्यवसाय का प्रबन्ध कमजोर होता है।

15. बड़ी कम्पनियों द्वारा निर्मित नई कम्पनियों के जो नए इश्यू लाए जाते हैं, उनमें भी विनियोग सोच समझ कर ही करना चाहिए। प्रायः देखा गया है कि इन कम्पनियों के चालू होने और लाभ कमाने में काफी समय लगता है।

3

शेयर बाजार का मनोविज्ञान

शेयर बाजार में कुछ भी निश्चित नहीं है और कुछ भी असम्भव नहीं है। शेयर बाजार के पंडित और विशेषज्ञ हार मान चुके हैं और कहते हैं कि शेयर बाजार के सम्बन्ध में कुछ नहीं कहा जा सकता है। शेयर बाजार ने इन सब सत्य कहावतों को नकार दिया है, कि इतिहास स्वयं को दोहराता है या बाजार का एक निश्चित रुख होता है। शेयर बाजार का मनोविज्ञान अत्यंत ही कठिन है, जिसको समझने के सभी औजार कुन्द हो चुके हैं। शेयर बाजार को समझने में सांख्यिकी और गणित भी सहायता नहीं कर पा रहे हैं। क्या कहता है शेयर बाजार का मनोविज्ञान–

शेयर बाजार में अदृश्य भीड़ है

यद्यपि शेयर बाजार में विनियोक्ता, सट्टेबाज और भावी विनियोक्ता भौतिक रूप से उपस्थित नहीं रहते और न रह सकते हैं। लेकिन मानसिक रूप से एक दूसरे से जुड़े हुए लोगों की वहां पर अपार भीड़ होती है, क्योंकि सभी लोग अलग-अलग स्थानों में रहते हुए भी अखबारों, इंटरनेट और पत्रिकाओं में लगभग एक साथ शेयर बाजार की सूचनाएं पढ़ते हैं। शेयर बाजार का रुख देखते हैं और सभी की सोच इसी आधार पर एक ही दिशा में चल देती है। यही शेयर बाजार की अनजानी और अदृश्य भीड़ है। यहां तक कि सभी सम्बन्धित पक्षों में अविलम्ब क्रिया-प्रतिक्रिया प्रारंभ हो जाती है और इस क्रिया-प्रतिक्रिया में शेयर बाजार में उथल-पुथल

शुरू हो जाती है। जैसा भीड़ का स्वभाव होता है कि उसे वास्तविकता से कुछ लेना-देना नहीं होता। भीड़ का व्यवहारपूर्ण रूप से इमोशनल होता है और वास्तविकता से दूर होता है। इसी प्रकार शेयर बाजार की इस अदृश्य भीड़ को कम्पनी की बैलेंसशीट, शेयर के वास्तविक मूल्य, कम्पनी की कमाई आदि से कुछ लेना-देना नहीं होता है। भीड़ एक ही दिशा में चलती है। अतः या तो शेयरों के मूल्य शिखर पर होंगे या धरातल पर औंधे पड़े होंगे। यही है शेयर बाजार का मनोविज्ञान।

विनियोक्ता भेड़ चाल चलते हैं

भारत में विनियोक्ताओं की एक ऐसी श्रेणी भी है, जो भेड़ की चाल चलते हैं। भेड़ एक ऐसा प्राणी है, जिसमें पीछा करने की प्रवृत्ति होती है और आगे चलने वाली भेड़ जो कार्य करेगी, शेष भेड़ें भी बिना सोचें वही कार्य करेंगी। भले ही चरवाहा उन्हें रोकने की कितनी ही कोशिश कर ले। अभी हाल में एक समाचार प्रकाशित हुआ था, कि रेलवे लाईन के किनारे एक चरवाहा अपनी भेड़ चरा रहा था। रेलगाड़ी के आने पर झुंड में से निकलकर एक भेड़ रेलगाड़ी के सामने कूद गई और कट गई। बाकी भेड़ों में रेल के आगे कूदने की होड़ लग गई और देखते-देखते ही सभी भेड़ें रेलगाड़ी के नीचे आकर कट गईं। चरवाहा माथा पीटकर रह गया।

यही हाल इस श्रेणी के विनियोक्ताओं का भी है। यदि बाजार में शेयरों का मूल्य गिरने लगेगा तो अधिकांश विनियोक्ता इस आशंका में कि कहीं और अधिक मूल्य न गिर जाए, जल्दी-जल्दी अपने शेयर बेचने लगेंगे। परिणाम यह होगा कि शेयरों की आपूर्ति अधिक हो जाने से मूल्य और नीचे की ओर गिरते चले जाएंगे। इसी प्रकार यदि शेयरों के मूल्यों में कुछ तेजी आई, तो अधिकांश निवेशक जल्दी-जल्दी इस आशंका में कि मूल्य और अधिक न बढ़ जाए और वे अच्छे शेयर खरीदने से वंचित रह जाएं, जल्दी-जल्दी शेयर खरीदने लगते हैं। परिणाम यह होता है कि शेयरों की

मांग अधिक हो जाने से मूल्य और अधिक बढ़ जाते हैं, यद्यपि मूल्य बढ़ने का और अन्य कोई कारण नहीं होता है। यह है भीड़ का मनोविज्ञान।

सभी शार्टकट चाहते हैं

शेयरों के विनियोक्ता ही ऐसा क्यों करते हैं? इसमें विनियोक्ताओं का दोष कम है, उनकी अज्ञानता अधिक है। उनके पास सूचनाओं का अभाव है। होमवर्क नहीं करते। शेयर बाजार में जाकर देख नहीं सकते। उनके दलाल उन्हें समय पर सूचनाएं नहीं देते। विवरण नहीं देते। सलाह नहीं देते। शेयर खरीदने-बेचने की उनकी अपनी कोई नीति नहीं है। सभी निवेशक शार्टकट चाहते हैं। कोई अध्ययन नहीं करना चाहता है। कोई दीर्घकालीन नीति नहीं बनाता। सभी एक दूसरे से आगे निकल जाने की होड़ में रहते हैं। अंततः आगे निकल जाते हैं, लेकिन पूंजी खोकर। यही है विनियोक्ताओं का मनोविज्ञान।

शेयर बाजार को बरबाद किया जाता है

वैसे तो शेयर बाजार में जानवरों की भीड़ है। वहां बियर भी है, बुल भी है, स्टैग भी है। सभी मौका पाते ही शेयर बाजार में धावा बोल देते हैं। फिर भी विनियोक्ताओं की संख्या मुख्यतः दो समूहों में बंटी होती है। एक तेजड़ियों का समूह होता है, जिन्हें बुल कहा जाता है। यह वर्ग इस आशा में शेयरों की खरीद करता है कि शेयरों के मूल्य बढ़ते रहेंगे और वे अपने शेयरों को महंगे दामों में बेचकर लाभ कमाएंगे। दूसरा समूह मंदड़ियों का होता है, जिन्हें बियर कहा जाता है। यह वर्ग इस आशा में शेयरों की बिक्री करता है कि अभी शेयरों के मूल्य और अधिक गिरेंगे फिर वे सस्ते दामों में पुनः क्रय कर लेंगे।

यह दोनों समूह मौका नहीं चूकते। जब तेजड़िया गर्जना करते हैं, तो मंदड़िए छिप जाते हैं और जब मंदडिए बाजार में धावा बोलते हैं, तो तेजड़िए गायब हो जाते हैं। विनियोक्ता इन्हीं दोनों वर्गों के बीच में पिसते

रहते हैं। विनियोक्ता तो इन जानवरों के लिए चाराभूसी से अधिक कुछ नहीं है। यही है विनयोक्ताओं की बेबसी।

शेयर बाजार घटना की प्रतीक्षा नहीं करता

शेयर बाजार अफवाहों का बहुत बड़ा उद्योग है। शेयर बाजार बिना घटना घटे ही प्रतिक्रिया प्रारंभ कर देता है। वह वास्तविक घटना की प्रतीक्षा नहीं करता भले ही घटना घटे या न घटे। भावी घटना की एक झलक मिलते ही विनियोक्ता भारी मात्रा में शेयरों का लेन-देन शुरू कर देते हैं। और शेयर बाजार में मूल्य प्रभावित होने लगते हैं। उदाहरण के लिए भारत में मानसून सबसे पहले दक्षिण पश्चिम में दस्तक देता है, और उसी के आधार पर सम्पूर्ण देश में मानसून का अनुमान हो जाता है। यह मानसून प्रतिवर्ष मई माह के अन्त तक केरल प्रदेश में आ जाता है, लेकिन शेयर बाजार इस मानसून की मई के अंतिम दिन तक या जून माह के प्रथम सप्ताह की भी प्रतीक्षा नहीं करता और जैसे ही सेटलाइट पर 15 मई के आसपास मानसून का चित्र प्राप्त हुआ, वैसे ही शेयर बाजार में उन शेयरों का मूल्य प्रभावित होना शुरू हो जाता है, जो मानसून पर आधारित या मानसून से प्रभावित होने वाली कम्पनियों के हैं। इसे कहते हैं अफवाहों का मनोविज्ञान।

हवा में गोले बनाते हैं

शेयर बाजार में कुछ चतुर लोगों की एक ऐसी श्रेणी भी होती है, जो होमवर्क करने से बहुत घबराती है और परिश्रम से तो दूर-दूर तक का रिश्ता नहीं होता है। यह लोग बाज़ार के मनोविज्ञान, कमजोर निवेशक के सेंटीमेंट आदि का फायदा उठाकर केवल हवा में बातें करते हैं और आकाश में हवा के गोले बनाते हैं। इस श्रेणी के व्यक्तियों का शेयर के वास्तविक मूल्य से या शेयर की मजबूती और कमजोरी से कुछ लेना-देना नहीं है। यह तो किसी शेयर या कंपनी के सम्बन्ध में एक राय हवा में

फेंकते हैं जैसे यदि शेयर का वास्तविक मूल्य (Intrinsic Value) 40 रुपए है और वर्तमान बाजार का मूल्य 35 रुपए है। लेकिन चूंकि हवा में बातें करने वालों ने इस शेयर के सम्बन्ध में ऋणात्मक बातें (बुरी अफवाह) बाजार में फेंकी है जैसे कम्पनी का जहाज डूब गया और जहाज का बीमा नहीं था। या कम्पनी के प्लाण्ट में विस्फोट हो गया। यद्यपि यह बातें सही नहीं हैं, लेकिन अफवाह प्रभावी हो गई तो निवेशकों की भीड़ इस शेयर को बेचने की दिशा में बढ़ेगी और अंततः शेयर का मूल्य गिरकर 30 या 25 रुपए के आसपास आ गया। यद्यपि शेयर के वास्तविक मूल्य के अनुसार, शेयर का मूल्य बढ़ना चाहिए था। इसे कहते हैं हवा का मनोविज्ञान।

क्या शेयर बाजार को जीता जा सकता है?

कहा जाता है कि भाव और मौत को आज तक कोई जीत नहीं पाया। शेयर बाजार भी भावों की दुनिया है। यह सही है कि शेयर बाजार में कल क्या भाव होगा, उसका पता नहीं लगाया जा सकता है। आवश्यक नहीं है कि जो भाव आज है, कल भी वही रहेगा। किस घटना से शेयर बाजार, कितनी मात्रा में प्रभावित होगा, यह भी नहीं कहा जा सकता है। दूसरी ओर सभी विनियोक्ता आज की स्थिति से लाभान्वित भी नहीं हो सकते हैं, क्योंकि करोड़ों विनियोक्ताओं के पास शेयर बाजार की सूचनाएं, भाव, रुख आदि प्राप्त करने का साधन समाचार पत्र, रेडियो, इन्टरनेट, टी. वी., के समाचार ही हैं और यह सूचनाएं जब तक विनियोक्ताओं के पास पहुंचती हैं तब तक वह पुरानी हो चुकी होती हैं और इन पुरानी सूचनाओं के आधार पर कोई निर्णय लेना लाभदायक नहीं हो सकता है। अतः विनियोक्ता केवल भविष्य का अनुमान लगाकर शेयरों के सौदे करते हैं। जो हमेशा लाभदायक नहीं होते हैं।

यह तो ठीक है कि भाव और मौत को जीता नहीं जा सकता है।

लेकिन क्या प्रयास भी नहीं किया जा सकता है। कुछ न करने की अपेक्षा प्रयास करने पर कुछ तो लाभ या हानि की सम्भावना बनती है। यहां पर कुछ उन बातों के सम्बन्ध में चर्चा की जा रही है, जिनके आधार पर शेयर बाजार के माध्यम से बड़ा लाभ कमाने की व्यापक सम्भावनाएं हैं।

1. एकला चलो

किसी भी शेयर विशेषज्ञ ने शेयरों का सौदा करते समय भीड़ का अनुसरण करने की सलाह नहीं दी है। जिस सौदे को अधिकांश लोग करेंगे, उसमें निश्चित रूप से कम लाभ होगा। अतः शेयर के सौदों में अकेला चलने की नीति सबसे उत्तम है, क्योंकि पूंजी आप की है। लाभ-हानि आपको सहन करना होगा, तो निर्णय भी आप ही लीजिए। शेयर बाजार में अकेला चलने की नीति ही सर्वोत्तम है।

2. उल्टा चलो

एकला चलने के साथ-साथ आवश्यक है कि शेयर बाजार के रुख के विपरीत दिशा में चलो। जब अधिकांश लोग बेच रहे हों, तब खरीदो क्योंकि इस स्थिति में निश्चित रूप से मूल्य कम होंगे। इसी प्रकार जब सभी लोग खरीद रहे हों, तब बेचो, अधिक मूल्य मिलेगा। लेकिन इसका अर्थ यह नहीं है कि हमेशा बाजार के विरोध में ही रहो। लम्बे समय के लिए यह नीति घातक भी हो सकती है और कई अच्छे अवसर हाथ से निकल भी सकते हैं। अतः उल्टा चलने के साथ-साथ प्रत्येक सौदे के लिए अलग और स्वतन्त्र नीति अपनाओ। आवश्यक नहीं है कि जिस नीति पर चल कर आज आपको लाभ हुआ है, वही नीति कल और अगले सौदे में भी उपयोगी रहेगी। उल्टा चलने की नीति तो इसलिए उपयोगी रहती है, क्योंकि शेयर बाजार में भेड़ चाल की प्रवृत्ति पाई जाती है।

3. औघट घाट

यदि किसी नदी के महत्वपूर्ण घाट पर स्नान करोगे, तो निश्चित ही भीड़ के साथ और हो सकता है गन्दे पानी में स्नान करना पड़े। साथ ही वहां पर आप अलग से कोई क्रिया-प्रतिक्रिया भी नहीं कर सकते, अन्यथा समाज आपको बहिष्कृत कर देगा। अच्छा पानी, स्वतन्त्र क्रियाएं और अपने मन के अनुसार स्थान तो औघट घाट पर ही मिल सकता है। जहां आप अकेले होंगे। इसी प्रकार शेयर के सौदों के लिए भी अलग-अलग शेयर बाजारों में कार्यवाही करनी चाहिए। वर्तमान में भारत में ही कई शेयर बाजार हैं, जहां आप सौदे करने के लिए स्वतन्त्र हैं। एक प्रतिभूति कई-कई शेयर बाजारों में सूचीबद्ध है। अतः आप कहीं भी सौदे कर सकते हैं। वैसे तो सभी शेयर बाजारों में लगभग एक ही प्रकार की पद्धति है और सभी बाजारों का रुख भी लगभग समान रहता है, लेकिन यदि पैनी नज़र रखें, तो थोड़े से विचलन से भी अच्छी आय कमा सकते हैं।

4. अपना खेल स्वयं खेलो

शेयर विशेषज्ञों ने सलाह दी है कि शेयरों के सम्बन्ध में सूचनाएं लीजिए, सलाह नहीं, क्योंकि यह निश्चित है कि जो व्यक्ति आपको शेयर खरीदने या बेचने का परामर्श दे रहा है, वह स्वयं उस परामर्श के प्रति आश्वस्त नहीं है। अन्यथा वह आपको परामर्श क्यों देता? यदि उसका परामर्श इतना अच्छा है, तो स्वयं उस परामर्श के अनुसार शेयरों का सौदा करके क्यों नहीं लाभ कमा लेता? वैसे भी दुनिया में जितने तीव्र बुद्धि के या विशेषज्ञ व्यक्ति है यों ही आपको परामर्श नहीं देने लगते। वे या तो भूल करो और सुधार की नीति का परीक्षण करने के लिए दूसरों को मुफ्त में परामर्श देते हैं या उनका परामर्श फेल हो चुका होता है। अतः शेयरों के सौदे के लिए यही एक सर्वोत्तम नीति है कि अपना खेल स्वयं खेलो। अतः दिखावा छोड़कर ईमानदारी के साथ अपने सौदे स्वयं करो। स्वयं

उनका मूल्यांकन करो। अपने निर्णय पर दृढ़ रहो। अंततः सफलता मिलेगी।

5. सीधा सोचो

आपने देखा कि शेयर बाजार में मनोविज्ञान बहुत बड़ी भूमिका निभाता है। आपकी अधिकांश समस्याएं तो इसी बात से समाप्त हो जाएगी यदि आपकी सोच धनात्मक है, क्योंकि ऋणात्मक सोच वाले व्यक्ति केवल निराशा की बात सोचते हैं। जल्दी सेंटीमेंट से प्रभावित हो जाते हैं। गलतियां करते हैं और भारी घाटा उठाते हैं। शेयर बाजार में हताश होने से अच्छे सौदे नहीं होते। गम्भीरता से सोचे कि जब आप लाभ लेकर अपने शेयर बेच रहे हैं, तो कोई उन्हें फायदे का सौदा मानकर खरीद भी तो रहा है। दूसरी ओर जिस शेयर को आप मिट्टी के मोल समझ रहे हैं, और खरीद रहे हैं उसे कोई दूसरा विनियोक्ता बेच भी तो रहा है। अंततः उस विनियोक्ता ने भी तो कुछ सोच कर ही खरीदने या बेचने का निर्णय लिया होगा। जब आप दूसरे निवेशक की स्थिति के सम्बन्ध में विचार करेंगे, तब आपकी मानसिक सोच स्वतः ही धनात्मक हो जाएगी। धनात्मक सोच से स्वयं का आत्मविश्वास बढ़ता है। भविष्य आशामय दिखाई देता है। सौदों में गलतियां कम होती हैं। स्वभाव में प्रसन्नता आती है और अंततः लाभ होता है।

6. गलती भी स्वीकारो

गलती करना मानव मात्र का स्वभाव है और शेयर बाजार में जहां सब कुछ अनिश्चित है, वहां तो अनेकों और भारी गलतियों की सम्भावनाएं हैं। अतः सफल और चतुर निवेशक बनने के लिए आवश्यक है कि गलती को तुरन्त स्वीकार करो। शेयर बाजार में गलती करना अपराध नहीं है।

मन्त्र

गलतियों के साथ रहना सीखो।
गलती से भागने की अपेक्षा उसका सामना करो।
आज की गलती को कल के अनुभव में बदल डालो।
लम्बे समय में गलतियों की संख्या शून्य हो संकती हैं।

वरन् चतुराई इसमें है कि किस प्रकार गलती से सीख लेकर उसे अनुभव में बदल कर भविष्य में बड़ा लाभ कमाया जाए। शेयर विशेषज्ञों की राय है कि यदि एकला चलोगे, उल्टा चलोगे, अपना खेल स्वयं खेलोगे तो निश्चित ही है कि गलतियां होंगी। लेकिन यह गलतियां धनात्मक और ऋणात्मक दोनों दिशाओं में होंगी। और यदि आपने धैर्य से काम लिया, गलतियों का सामना किया, तो दीर्घकाल में आप शेयर बाजार के विशेषज्ञ बन सकते हैं और ज्यादा लाभ कमा सकते हैं, क्योंकि दीर्घकाल में गलतियों की संख्या कम हो जाएगी। अतः परामर्श है कि बुद्धिमानी और चतुराई का अहंकार एक किनारे रखकर गलतियों के साथ भी समझौता करना सीखो।

कहीं आप इनमें तो नहीं हैं

कुछ विनियोक्ता सामान्य परिस्थितियों रो अलग प्रकार का व्यवहार करते हैं। इस श्रेणी के विनियोक्ताओं का क्या उद्देश्य है? क्यों वे असामान्य प्रकृति का व्यवहार करते हैं? इस प्रकार के व्यवहार से उन्हें क्या लाभ होता है? और इस प्रकार के व्यवहार के लिए उन्हें कौन प्रेरित करता है? कुछ भी स्पष्ट नहीं होता है। लेकिन इतना स्पष्ट है कि कुछ को छोड़कर इस श्रेणी के सभी विनियोक्ता घाटे में ही रहते हैं। देवयोग से ही कोई सौदा लाभदायक हो जाए तो नहीं कहा जा सकता है। अन्यथा शेयर के सौदों में सफलता की बहुत कम सम्भावना रहती है।

वर्तमान में विनियोक्ताओं की भारी संख्या को देखते हुए यदि कुछ विनियोक्ता असामान्य प्रकृति का व्यवहार करें, तो कोई बहुत बड़ी बात नहीं है। आप भी अपनी जांच कर सकते हैं कि कहीं आप भी इस असामान्य प्रकृति के विनियोक्ताओं की श्रेणी में तो नहीं हैं। इस श्रेणी में निम्नलिखित को शामिल किया जा सकता है।

केवल नम्बर गिनते हैं

कुछ विनियोक्ता विनियोजित पूंजी से कोई संबंध न रखते हुए केवल खरीदे जाने वाले शेयरों की संख्या में रुचि रखते हैं। इस श्रेणी के विनियोक्ताओं की रुचि अधिक-से-अधिक शेयर प्राप्त करने में रहती है, भले ही शेयर अच्छी क्वालिटी के न हों। यह लोग 10 रुपए मूल्य वाले 1000 शेयर तो तुरन्त खरीद लेंगे, लेकिन 100 रुपए मूल्य वाले 100 शेयर खरीदने में आनकानी करेंगे। भले ही 100 रुपए मूल्य वाला शेयर कितना ही अच्छा हो। यद्यपि दोनों प्रकार के शेयरों की कीमत 10,000 रुपए ही है। यदि सभी दृष्टिकोणों से जांच की जाए, तो अधिक संख्या के शेयरों का कोई औचित्य नहीं है, क्योंकि लाभांश % में घोषित किया जाता है। बोनस शेयर का मूल्य शेयर के मूल्य के समान होता है। राइट शेयर भी पूंजी के अनुपात में मिलते हैं, लेकिन फिर भी कुछ लोग पूंजी की अपेक्षा शेयरों की संख्या में रुचि रखते हैं।

पोर्टफोलियो में बहुत शेयर रखते हैं

लगभग सभी विनियोग विशेषज्ञ विनियोक्ताओं को पोर्टफोलियो में डाइवर्सीफिकेशन का परामर्श देते हैं और यह एक अच्छा परामर्श है। लेकिन कुछ विनियोक्ता डाइवर्सीफिकेशन के नाम पर अपने पोर्टफोलियो में बहुत अधिक कम्पनियों के शेयर शामिल कर लेते हैं। कुछ लोगों के पोर्टफोलियो में तो 60 से 70 तक कम्पनियों के शेयर हो जाते हैं। जब कि योग्य-से-योग्य पोर्टफोलियो धारक या मैनेजर इतनी अधिक कम्पनियों

की कारगुजारियों पर नज़र नहीं रख सकता है और न ही इतना होम वर्क कर सकता है। परिणाम यह होता है कि विश्लेषण या समीक्षा के अभाव में कभी-कभी अच्छे शेयर भी समय से निर्णय न लेने के कारण हानि का कारण बन जाते हैं। अच्छे पोर्टफोलियो में अधिकतम 10 से 15 कम्पनियों के शेयर ही अच्छे माने जाते हैं। वैसे भी इसका आशय यह नहीं है कि जो शेयर एक बार पोर्टफोलियो में शामिल हो गया, वह अन्तिम हो गया। समय-समय पर समीक्षा करके कम लाभदायक शेयरों को पोर्टफोलियो से बाहर करना और समयानुसार अच्छे शेयरों को पोर्टफोलियो में शामिल करना ही अच्छे पोर्टफोलियो मैनेजर की सफलता का रहस्य माना जाता है, क्योंकि आवश्यक नहीं है कि जो शेयर आज लाभदायक है, वह कल भी लाभदायक ही होगा। अतः पोर्टफोलियो को ओवर डाइवर्सीफाई न करके उसे सन्तुलित रखना लाभदायक रहता है, ताकि कम्पनियों की समयानुसार समीक्षा होती रहे। यहां पोर्टफोलियो का अर्थ शेयर रखने वाली तिजोरी से है।

खरीद-बेच एक साथ करेंगे

कुछ व्यक्ति शेयरों का सौदा करने में इतनी जल्दबाजी करते हैं कि उन्हें अच्छे और बुरे शेयर का ध्यान ही नहीं रहता है। यदि कोई बिक्री का सौदा करेंगे, तो उससे प्राप्त धनराशि से तुरन्त दूसरा शेयर खरीद लेंगे। आवश्यक नहीं है कि यदि शेयर बेचने के लिए समय अच्छा है, तो खरीद के लिए भी समय अच्छा ही होगा। या यदि खरीद के लिए समय अच्छा है तो बेचने के लिए भी अच्छा ही होगा। अतः एक सौदे से दूसरे सौदे के बीच में प्रतीक्षा करके सभी तथ्यों की जानकारी लेकर ही दूसरा सौदा करना चाहिए।

भय भी है, लालच भी है

कुछ विनियोक्ता भयभीत भी रहते हैं और जरूरत से ज्यादा लालची भी

होते हैं। शेयर बाजार में भाव गिरते ही उन्हें पूंजी खोने का भय सताता है। जब शेयर बाजार में भाव चढ़ते हैं, तो अधिक पूंजी लाभ का लालच भी रहता है। ऐसी परिस्थितियों में इस श्रेणी के विनियोक्ता न तो अपनी हानि ही कम कर पाते हैं और न लाभ ही कमा पाते हैं। और निर्णय न ले पाने के कारण जिस अवस्था में थे, उसी में बने रहते हैं।

दो गुने का चक्कर

कहीं आप अपने विनियोग को छोटी अवधि में ही दो गुना करने के चक्कर में तो नहीं हैं, वह भी शेयर बाजार में। जहां पर कुछ भी निश्चित नहीं है। आपको याद रखना होगा कि पेड़ आसमान में नहीं उगते और रातोंरात सरसों को हथेली में नहीं उगाया जा सकता है। शेयर बाजार में केवल अनुभव काम आता है। अतः सीमा में रहकर धैर्य से निर्णय लेकर अधिक लाभ तो कमाया जा सकता है। लेकिन अल्पकाल में धन को दो गुना नहीं किया जा सकता है।

सेन्टीमेन्ट से पीड़ित हैं

कुछ विनियोक्ता आवश्यकता से अधिक भावुक होते हैं और शेयरों के मामले में उनकी यह भावुकता हानि का कारण बनती है, जैस–

1. मैं इस कम्पनी के लिए कार्य करता हूं, अत; इस कम्पनी के शेयर नहीं बेचूंगा। (जबकि कम्पनी बन्द होने की स्थिति में आ गई है। हो सकता है नौकरी से भी हाथ धोना पड़े)।
2. यह मेरे पहले शेयर हैं। इन्हें में अपने पास ही रखूंगा। भले ही भाव चार गुने हो ज़ाएं। (जबकि यदि 100 रु. की बढ़ोतरी से दूसरी नौकरी मिले, तो पहली नौकरी तुरन्त छोड़ देंगे।)
3. मैं डॉक्टर हूं अतः दवाई कम्पनी के शेयर कैसे बेच सकता हूं। (जबकि इन कम्पनियों के शेयर इनके प्रमोटर भी बेच चुके हैं)

इस प्रकार के सेन्टीमेन्ट शेयर के लिए तो बिल्कुल ही उपयुक्त नहीं हैं।

कहीं शेयर और अखबार बराबर तो नहीं हैं

कहीं आप उन व्यक्तियों की श्रेणी में तो नहीं आते हैं, जिन्हें यही पता नहीं होता कि उनके शेयर के कागजात कहां हैं? टैक्स कटौती का विवरण कहां है? डिवीडेंट का वारण्ट कहां है? आदि। यदि आपका काग़ज़ों का रख-रखाव इतना कमज़ोर है कि जैसे अखबार पढ़ने के बाद रद्दी में डाल दिया जाता है, उसी प्रकार शेयरों के काग़ज़ भी रखकर भूल जाते हैं, तो आप शेयरों से कभी लाभ नहीं कमा सकते।

आपकी श्रेणी निम्नलिखित तो नहीं है

कहीं आप निम्नलिखित व्यक्तियों की श्रेणी में तो नहीं आते हैं—

1. जो केवल धन खर्च करने के लिए विनियोग करते हैं।
2. जो केवल कोरे कागज पर हस्ताक्षर करते हैं।
3. जिनके विनियोग सम्बन्धी सभी निर्णय दूसरे व्यक्ति करते हैं।
4. जिनका रक्तचाप शेयर सूचकांक के साथ-साथ घटता-बढ़ता है।
5. जो केवल धन फैंकते हैं।
6. जो केवल भीड़ में खड़े रहते हैं।
7. दूसरों ने शेयर खरीदा है, इसलिए शेयर खरीद रहे हैं।

यदि आप उपर्युक्त श्रेणी में आते हैं, तो आपको बहुमूल्य परामर्श है कि आप शेयर कारोबार से दूर रहें।

भूतकाल पीछा कर रहा है

कुछ विनियोक्ता इस श्रेणी के होते हैं कि वे अपने पिछले कार्यों के परिणामों से भविष्य में भी काफी दिनों तक ग्रसित रहते हैं। जैसे उन्होंने यदि किसी शेयर को आज बेच दिया और उसके एक दो दिन बाद ही उस शेयर के मूल्य दो गुने या तीन गुने हो जाते हैं, तो उसका गम्भीर दुख मनाएंगे। कहेंगे कि बहुत बड़ी गलती हो गई। दो दिन और रोका होता तो बड़ा लाभ होता। यदि मूल्य गिर जाते हैं, तो कहेंगे कि अच्छा हुआ

बेच दिया अन्यथा बड़ा घाटा होता। इस खुशी और गम के माहौल में वे काफी समय बरबाद कर देते हैं और इस बीच काफी अच्छे अवसर हाथ से निकल जाते हैं।

गैर रजिस्टर्ड उप-दलालों के आशिक हैं

कुछ विनियोक्ता दलाल के माध्यम से शेयरों का सौदा करते समय यह भी नहीं देखते कि वे जिस दलाल के माध्यम से सौदा कर रहे हैं, वह किस शेयर बाजार में रजिस्टर्ड है या उप-दलाल के रूप में रजिस्टर्ड है। वर्तमान में भारत में लगभग 7000 शेयर दलाल और 2,00,000 उप दलाल हैं ज़िनमें से केवल लगभग 5000 उप-दलाल ही पंजीकृत हैं। शेष उप-दलाल शहरों, कस्बों, गली, कूचों में शेयर कारोबार का बोर्ड लगाकर दुकान खोले बैठे हैं। इन उप-दलालों के माध्यम से सौदा करने का अर्थ है कि अपना सब कुछ दूसरों के हवाले कर देना। ऐसा देखने में आया है कि यह गैर पंजीकृत दलाल पहले बहुत ही कम दलाली पर आपके सौदे करेंगे। फिर धीरे-धीरे आपका पैसा निजी बचत योजनाओं में लगाने के लिए आकर्षक दरों पर लुभाएंगे। कुछ दिन का ब्याज या लाभ अग्रिम चेकों द्वारा देंगें। जब आपकी भारी धनराशि उनके कब्जे में आ जाएगी, तब शहर छोड़कर गायब हो जाएंगे। आप हाथ मलते रहेंगे।

चादर के बाहर पैर हैं

कुछ विनियोक्ता अपनी बचत के अतिरिक्त अति महत्वपूर्ण कार्यों की धनराशि, परिवार के सदस्यों की बचत, रिश्तेदारों से उधार तथा जान पहचान वालों से भी पैसा लेकर शेयरों में विनियोजित करते हैं। कहने का अर्थ यह है कि उन्हें जो भी पैसा दिखा, सब शेयरों में विनियोजित कर दिया। यहां तक कि कुछ विनियोक्ता तो इस प्रकृति के होते हैं कि जो कुछ सामने दिखा उसे ही खरीद लिया। यदि घाटे का एक झौका भी आया, तो इस प्रकार के विनियोक्ता बरबाद हो जाते हैं। शेयर बाजार में

ओवर ट्रेडिंग करके अपना सब कुछ खो देने वालों से इतिहास भरा है। अतः विनियोक्ता को अपनी चादर के अनुरूप ही पैर पसारने चाहिए।

मीठा-मीठा गप; कडुवा-कडुवा थू

कुछ विनियोक्ता इन श्रेणी के होते हैं कि उन्हें शेयर के सौदे में यदि लाभ हो गया, तो इसका सारा श्रेय स्वयं को देंगे और हानि हो गई तो इसका दोषारोपण शेयर बाजार, दलाल, सरकार और चतुर विनियोक्ताओं पर करेंगे। अपनी गलती का एहसास करके उसे सुधारने का प्रयास नहीं करेंगे, वरन् अपना सारा समय दूसरों को दोषी सिद्ध करने में लगा देंगे। इस प्रकार के विनियोक्ता लम्बे समय में सफल नहीं होते, क्योंकि शेयर बाजार में दम्भ, अहंकार, सब कुछ जानने का भ्रम, काम नहीं आता है वरन् वहां तो अनुभव, गलती से सीखना और समय पर सूझबूझ से निर्णय लेना, काम आता है। अतः यदि सौदे में हानि हुई है, तो उसका गहराई से विश्लेषण करके कमियां खोजिए और भविष्य के लिए चौकन्ने हो जाइए।

4

शेयर बाजार में लाभ कैसे कमाएं ?

तेजी के शेयर बाजार में तो सभी लोग लाभ कमाते ही हैं। समस्या तब उत्पन्न होती है, जब शेयर बाजार आवश्यकता से अधिक मन्दा हो जाता है। चारों ओर मायूसी छाई होती है। शेयर बाजार में कोई हलचल नहीं होती है। सबकी निगाहें कुछ तलासती रहती हैं। इस स्थिति में जिन व्यक्तियों की बड़ी धनराशि शेयरों मे विनियोजित होती है या जिन निवेशकों के पोर्टफोलियो में इक्विटी शेयरों की संख्या अधिक होती है, उनका चिन्तित होना स्वाभाविक है। लेकिन ऐसे व्यक्तियों को भी भारी चिन्ता करने की आवश्यकता नहीं है, क्योंकि मन्दे शेयर बाजार में भी शेयरों से लाभ कमाया जा सकता है। यहां पर कुछ बातों का विश्लेषण प्रस्तुत किया जा रहा है जिनके सम्बन्ध में कुछ-न-कुछ लगभग सभी निवेशक जानते हैं। लेकिन मन्दे की मायूसी में जानते हुए भी हाथ पर हाथ रखे हुए बैठे रहते हैं। मन्दे शेयर बाजार में लाभ कमाने के लिए बताए गए तरीकों और तथ्यों को निम्नलिखित शीर्षकों में विभाजित किया गया है–

(अ) शेयर बाजार मन्दा है, तो क्या हुआ ?

(ब) किन शेयरों को बेचें ?

(स) किन शेयरों को खरीदें ?

(द) किन शेयरों को अपने पास रोकें ?

(अ) शेयर बाजार मन्दा है? तो क्या हुआ?

बहुत चिन्तित होने की आवश्यकता नहीं है कि शेयर बाजार मन्दा है। मन्दा है तो क्या हुआ? निम्नलिखित बातों पर ध्यान दीजिए। स्थिति स्पष्ट हो जाएगी

1. धैर्य रखिए

शेयर बाजार में प्रवेश के समय ही आपको सचेत किया गया था कि यदि आपमें धैर्य नहीं है, खुला दिमाग नहीं है, स्पष्ट विचार नहीं है, तो आप शेयर बाजार में सफल नहीं हो सकते। अतः धैर्य रखिए और निम्नलिखित बातों पर गहनता से विचार कीजिए—

- कोई बाजार मन्दा या तेज नहीं होता है, यह तो बाजार में होने वाले सौदों की संख्या पर निर्भर करता है। अधिक सौदे हुए तो तेज़ी। कम सौदे हुए तो मन्दी।
- बाजार की तेजी-मन्दी से क्रेता-विक्रेता, दलाल सभी प्रभावित होते हैं अकेले आप ही नहीं। जब सभी के लिए समान परिस्थितियां हैं, तो फिर आप ही चिन्तित क्यों हैं?
- तेजी और मन्दी दोनों एक ही सिक्के के दो पहलू हैं। दोनों को एक-दूसरे से अलग नहीं किया जा सकता है।
- जिन व्यक्तियों को केवल शेयर खरीदने हैं, उनके लिए बाजार का मन्दा होना तो वरदान है।
- जब तक सौदे नहीं होंगे, तब तक तेज़ी और मन्दी से क्या लेना-देना? हानि-लाभ का प्रश्न तो सौदा होने के उपरान्त उत्पन्न होगा। यदि शेयर आपके पास ही हैं, तो लाभ-हानि का कोई प्रश्न ही नहीं है।
- मन्दी तो मानसून की भांति है, जिसे प्रत्येक वर्ष आना है। भले ही कम समय के लिए आए। जैसे मानसून से पहले किसान अपने सभी आवश्यक कार्य पूरे कर लेते हैं। आप भी अपनी घेराबन्दी क्यों नहीं कर लेते हैं? आप भी मन्दी के समय को होल्डिंग पीरियड में बदलिए।

- देर हो सकती है, अन्धेर नहीं। अर्थात् तेज़ी आएगी। यदि सूक्ष्मता से देखें तो सप्ताह में कोई-न-कोई दिन अवश्य होता है जिसमें पिछले दिन की अपेक्षा तेजी का रुख होता है।
- कुछ खराब मछलियां ही तालाब को गन्दा करती हैं, आप उन खराब शेयरो से दूर रहें। यदि आप शेयर विशेषज्ञ हैं, तो उन खराब शेयरों को अवश्य पहचान जाएंगे।
- किसी के लिए सड़क हमेशा खाली नहीं मिलती, कुछ न कुछ अवरोध तो आते ही हैं। यह तो आपकी कुशलता है कि किस प्रकार बेदाग निकल जाते हैं।
- मंदड़िए लोग तो शेयर बाजार के मन्दा होने की मन्नतें मांगते हैं।

2. कुछ बचतें भी होंगी

मन्दे शेयर में हमेशा हानि ही नहीं होती है। कुछ बचतें भी होती है। जैसे–

- अच्छे शेयर खोज कर बहुत कम दामों में खरीदे जा सकते हैं।
- कमीशन की राशि कम देनी होगी।
- पूंजीगत लाभों में बहुत कम आयकर देना होगा।

3. लाभ लो और भाग लो

चतुर विनियोक्ता तो वही है, जो मन्दी की आहट पाते ही कुछ कम ही सही, लाभ लेकर खराब शेयरों को बेच कर, बाजार से दूर हो जाते हैं। यदि हानि भी हो रही है, तो हानि को कम करते हैं। मन्दे शेयर बाजार में खराब शेयरों पर हानि बढ़ाते रहना चतुराई नहीं है, क्योंकि यदि तेजी का रुख आएगा भी तो सबसे पहले अच्छे शेयरों की मांग होगी। अतः यह एक अच्छी नीति है कि लाभ लो और भाग लो या हानि को कम से कम करो।

4. शेयर बाजार में सौदे तो हो रहे हैं

शेयर बाजार में मन्दा है, तो क्या शेयर बाजार बन्द हो गए हैं? ऐसा नहीं है। हमेशा कुछ न कुछ सौदे होते रहते हैं। शेयर बाज़ार चल रहे हैं। सौदे हो रहे हैं। इसका अर्थ है कि शेयर सौदों से लाभ होता है। हां यह अवश्य है कि लाभ की मात्रा कम हो जाती है। अब शेयर बाजार विकसित हो गया है। अब यह स्थिति नहीं है कि आज 10 रु. का शेयर खरीदा कल 100 रु. का हो गया। गली मोहल्ले में भी शेयर की चर्चा हो रही हो, शेयर के नाम पर बच्चों के नाम रखे जा रहे हैं। लेकिन चतुर निवेशक मन्दे में भी शेयरों से लाभ कमाते हैं। अतः शेयर बाजार के मन्दे होने का रोना बन्द करके, साहस के साथ आगे, आने और होमवर्क करके स्थिति का सामना करने की आवश्यकता है। देखेंगे कि आप लाभ कमाने वालों की टीम के कप्तान हो गए!

(ब) किन शेयरों को बेचें?

शेयरों का क्रय करना आसान है, लेकिन इनकी बिक्री कठिन है, क्योंकि विक्रेता जिन शेयरों को अधिक से अधिक मूल्य पर बेचना चाहता है, क्रेता उन्हीं शेयरों को कम से कम मूल्य पर क्रय करना चाहता है। दूसरी ओर यह भी सत्य है कि शेयरों की बिक्री भी आवश्यक है, क्योंकि किसी भी शेयर को हमेशा के लिए अपने पास रखना बुद्धिमानी नहीं है। किसी भी विनियोक्ता के लिए यह निश्चित करना कि वह अपने पोर्टफोलियो के किन शेयरों को बेचें, एक कठिन कार्य है।

विनियोजित धन से अधिक लाभ कमाने और धन का सदुपयोग सुनिश्चित करने के लिए पोर्टफोलियो के निम्नलिखित शेयरों को बेचना चाहिए।

1. अवसर लागत से नीचे के शेयर

अपना धन विनियोजित करने के लिए विनियोक्ता के समक्ष अनेक विकल्प

होते हैं और वह किसी भी विकल्प के सम्बन्ध में निर्णय लेने के लिए स्वतन्त्र और सक्षम होता है। जब विनियोक्ता अपना धन किसी एक साधन में विनियोजित कर देता है, तो इसका अर्थ है कि उसने अन्य अवसरों या विकल्पों का त्याग कर दिया। इन त्यागे गए विकल्पों में से जिस विकल्प से अधिक आय प्राप्त हो सकती हो, उस आय को विनियोग की अवसर लागत कहा जाता है।

अतः एक निश्चित अवधि में शेयर से प्राप्त होने वाली आय, यदि उसकी अवसर लागत से कम है तो उस शेयर को तुरन्त बेच देना चाहिए।

उदाहरण—

> मि. विपुल ने एक्स कम्पनी के 100 इक्विटी शेयर क्रय किए। एक बैंक ने 10 प्रतिशत वार्षिक ब्याज पर सावधि जमा भी आमन्त्रित की हुई हैं। इस प्रकार मि. विपुल द्वारा क्रय किए गए शेयरों की अवसर लागत 10 प्रतिशत हुई। अब यदि इन शेयरों पर लाभांश और पूंजीगत लाभ से 10 प्रतिशत से कम आय प्राप्त होती है तो इन शेयरों को बेच देना चाहिए, क्योंकि इस धनराशि से आसानी से 10 प्रतिशत की आय प्राप्त करने का विकल्प उपलब्ध है।

2. बीती ताहि बिसारि के, आगे की सुधि लेव

विनियोग विशेषज्ञों का मानना है कि यदि शेयर व्यवसाय में पूंजी डूब रही हो, तो उसे तुरन्त रोक लेना चाहिए। जितनी पूंजी डूब गई, उसका गम न करके, शेष पूंजी को बचाकर विनियोग के अन्य विकल्पों या अन्य ग्रोथ शेयरों में विनियोजित करके डूबती लागत को वसूल करने का प्रयास करना चाहिए। इसी बात को निम्नलिखित

उदाहरण से समझा जा सकता है–

> मि. नमन ने एक्स कम्पनी के 100 शेयर 70 रु. प्रति शेयर की दर से क्रय किए। कुछ समय बाद एक्स कम्पनी बीमार की श्रेणी में आ गई और शेयर का मूल्य 35 रु. हो गया। लगातार गिरावट का रुख बना हुआ है। मि. नमन ने इन शेयरों को 35 रु. में ही बेचने का निर्णय लिया और बिक्री से प्राप्त 3500 रु. से दूसरी वाई कम्पनी के शेयर 35 रु. की दर से 100 शेयर खरीद लिए। एक तर्ष बाद ही वाई कम्पनी के इन शेयरों पर 60 शेयर बोनस शेयर के मिल गए तथा दो वर्ष में 900 रु. लाभांश के मिले। दो वर्ष के अन्त में यह 160 शेयर (100 मूल शेयर+60 बोनस शेयर) 60 रु. की दर से बिके। इस प्रकार मि. नमन को दो वर्ष में 3500 रु. का विनियोग करके 10,500 रु. (160×60+900) की प्राप्ति हुई अर्थात् 7000 रु. (10500-3500) का लाभ हुआ, जबकि उन्होंने एक्स कम्पनी में कुल 7000 रु. का विनियोगे किया था। इस प्रकार समय पर निर्णय लेने से मि. नमन भारी हानि से बच गए, क्योंकि 2 वर्ष बाद एक्स कम्पनी के शेयरों का मूल्य गिरते-गिरते 15 रु. पर पहुंच गया।

3. जब लालच का घड़ा भर जाए

कहावत है कि लालच का अन्त नहीं, लालची का भला नहीं। चतुर विनियोक्ता अपने लालच की भी सीमा निर्धारित करते हैं। चतुर विनियोक्ता वही है, जिसने शेयर क्रय करते समय ही अपने लाभ का

प्रतिशत निर्धारित करके बिक्री की सीमा निर्धारित कर दिया है।

- लालच और हानि का सीधा सम्बन्ध है।
- ज़्यादा लालच ज़्यादा हानि।

लाभ का प्रतिशत निर्धारित करने में चाहे जितना लालच करें, लेकिन यदि निर्धारित सीमा तक शेयर का मूल्य पहुंच गया है, तो उस शेयर को तुरन्त बेच देना चाहिए, क्योंकि और अधिक लालच ठीक नहीं है। यदि इस नियम को आपने अपनी आदत में शामिल कर लिया है, तो शेयर व्यवसाय में असफलता का प्रतिशत शून्य भी हो सकता है। अतः

- निर्धारित लाभ का लक्ष्य प्राप्त होते ही शेयर बेचें।
- शिखर मूल्य की प्रतीक्षा न करो, क्योंकि इस मूल्य को नहीं छू सकोगे।
- चढ़ते मूल्य पर शेयर बेचें।
- हानि रोको, इस आदेश का पालन करो।

4. जब नए और अच्छे शेयर मिल रहे हों

जब तब पुराने शेयर बेचे नहीं जाएंगे, तब तक अन्य अच्छे शेयर आपके पोर्टफोलियो में कैसे शामिल होंगे। अतः पोर्टफोलियो की समीक्षा के दौरान पता चले कि कुछ शेयर बाज़ार के साथ नहीं चल रहे हैं, तो उन्हें बेच कर अच्छे और तीव्र गति से विकास कर रही कम्पनियों के शेयर क्रय कर लेना चाहिए। यहां यह हो सकता है कि बेचे जाने वाले शेयर आपके द्वारा निर्धारित अन्य मापदंडों में खरे उतर रहे हों। लेकिन चूंकि उनसे भी अच्छे शेयरों के क्रय करने के अवसर उपलब्ध हैं। अतः इन शेयरों को बेचना लाभदायक रहता है, क्योंकि जब तक शेयर बेचे नहीं जाएंगे तब तक नकदी नहीं आएगी और नकदी नहीं होगीं तो अच्छे शेयर खरीदे नहीं जाएंगे।

5. कुछ विशेष उद्योगों के शेयर बेचें

कम्पनियां और शेयर उस उद्योग विशेष के क्रियाकलापों से भी प्रभावित

होते हैं। यदि उद्योग विशेष में मंदी का दौर है। कोई कठिनाई है, तो उस उद्योग से सम्बन्धित सभी कम्पनियां प्रभावित होती हैं। अतः इस प्रकार के उद्योगों से सम्बन्धित कंपनियों के शेयर बेच देना चाहिए। जैसे 1970 से 1980 के दशक में टेक्सटाइल इंडस्ट्री के विनियोक्ताओं ने भारी मात्रा में शेयर बेचे, क्योंकि यह उद्योग समस्याग्रस्त हो गया था।

6. कम्पनी विशेष के शेयर बेचें

जिन कप्पनियों के शेयर आपके पोटफोलियो में हैं, उनके कामकाज पर चौकन्नी नज़र रखो। यदि उन कम्पनियों में निम्नलिखित लक्षण नजर आएं तो उनके शेयर बेच देना चाहिए–

- गत वर्षों की अपेक्षा बिक्री घट रही हो।
- लाभ की मात्रा घट रही हो।
- सम्पत्तियों में कोई वृद्धि न हो रही हो।
- नकदी की समस्या उत्पन्न हो गई हो।
- बड़ी मात्रा में टैक्स का भुगतान करना हो।
- जो अपने व्यवसाय से हटकर अन्य क्षेत्रों में विविधीकरण कर रही हों।
- जो कम्पनियां भारी प्रतिस्पर्धा की स्थिति से गुजर रही हों।
- जिन कम्पनियों का प्रबन्ध पारिवारिक हो।

शेयर बाज़ार में शेयरों की कमी नहीं है। अतः जैसे ही आपके शेयरों वाली कम्पनियों में उपरोक्त लक्षण दिखाई दें, उन्हें बेच कर छुटकारा पाओ, क्योंकि जब शेयरों की कमी नहीं है, तो क्यों संदेह वाले शेयरों में चिपके रहें? भविष्य में यदि इन शेयरों में सुधार होता है, तो पुनः इन्हें खरीदा जा सकता है।

7. समस्या देखो शेयर बेचो

चतुर विनियोक्ता वही हैं, जिन्होंने कम्पनी में समस्या देखी। समस्या की गम्भीरता का मूल्यांकन किया। जब तक अन्य लोग इस समस्या से

चिन्तित हों, तब तक उस कम्पनी के शेयर बेच कर बाहर हो गए। जैसे आप असम के रहने वाले हैं और असम में स्थित कम्पनी के शेयर खरीद रखे हैं। कम्पनी के प्लांट में अचानक आग लग जाती है। स्थानीय होने के कारण आपको जल्दी सूचना भी मिल गई और आपने प्लांट की स्थिति देखकर इस बात का भी अध्ययन कर लिया कि इस प्लांट को दुबारा उत्पादन में आने में एक वर्ष से भी अधिक का समय लग जाएगा। प्रतीक्षा करने की अपेक्षा, आप तुरन्त इन शेयरों को बेच सकते हैं। यद्यपि यह सूचना समाचार पत्रों में आएगी। लेकिन इस सूचना और प्लांट की गम्भीरता से गुजरात, महाराष्ट्र, राजस्थान आदि के विनियोक्ता सम्भवतः देर से चिन्तित होंगे। तब तक आप चालू दरों पर अपने शेयर बेच चुके होंगे।

8. जिन शेयरों का भविष्य अंधकारमय है

कुछ कम्पनियों का भविष्य वर्तमान में ही अन्धकारमय दिखाई दे रहा है। उन कम्पनियों के शेयर अपने पोर्टफोलियो में रखना उचित नहीं है। जैसे अब ब्लैक एण्ड व्हाइट टेलीविजन बनाने वाली, टाइपराइटर बनाने वाली, रेडियो बनाने वाली कम्पनियों का कोई भविष्य नहीं है।

9. छोटी कम्पनियों के शेयर बेच कर छुटकारा पाओ

यद्यपि छोटी कम्पनियां खराब नहीं होती हैं, लेकिन इन कम्पनियों के कामकाज से इतना लाभ नहीं होता है जिससे कम्पनी और विनियोक्ता दोनों प्रसन्न रह सके। प्रायः देखा गया है कि छोटी कम्पनियों के नए इश्युओं का मूल्य उनकी लिस्टिंग होने तक ही बढ़ता है। बाद में या तो गिरना शुरू हो जाता है या स्थिर हो जाता है। बहुत कम छोटी कम्पनियों के शेयरों का भाव बाद के वर्षों में बढ़ता है। अतः छोटी कम्पनियों के शेयर जितनी जल्दी हो सके, बेच कर छुटकारा पा लेना चाहिए।

10. केवल बेचने के लिए शेयर बेचें

यद्यपि आपको शेयर बेचने की आवश्यकता नहीं है। आपके पोर्टफोलियो के सभी शेयर ठीक चल रहे हैं। लेकिन फिर भी शेयरों के क्रय-विक्रय में नियमितता बनाए रखने के लिए कुछ शेयरों को बेचते रहना चाहिए। अन्यथा हो सकता है आपका ध्यान शेयर बाजार से हट जाए और कई अच्छे अवसर इस बीच निकल जाएं। अतः नियिमितता बनाएं रखने के लिए भी कुछ शेयर बेचते रहना चाहिए।

11. ऊंचे पी.ई. रेशियो और कम डिवीडेन्ड आय वाले शेयरों को बेचो

जिस शेयर का पी.ई. रेशियो बहुत ऊंचा है, इसका अर्थ है कि उस शेयर को बहुत लोग चाहते हैं, और इसी कारण उसका मूल्य ऊंचा है। इन शेयरों में जोखिम अधिक होता है, क्योंकि जब मूल्यों में गिरावट शुरू होती है, तो इन शेयरों का मूल्य तेज़ी से गिरता है। अतः शेयर विशेषज्ञ सलाह देते हैं कि थोड़ा-सा लाभ लेकर ऊंचे पी.ई. रेशियो वाले शेयरों को बेच देना चाहिए।

इसी प्रकार जिन शेयरों की डिवीडेन्ड से आय कम है उन शेयरों को शेयर बाजार में मन्दी प्रारम्भ होते ही बेच देना चाहिए, क्योंकि मूल्य गिरने पर इन शेयरों को कोई आधार नहीं मिलता है।

12. पके हुए शेयर बेचो

पके फल का समय से उपयोग न किया जाए, तो वह बेकार हो जाता है। इसी प्रकार पके हुए शेयर को तुरन्त बेच कर उसे सड़ने गलने से बचा लेना चाहिए। प्रश्न यह उठता है कि इस बात का कैसे पता लगाया जाए कि शेयर पक गया है। इस बात का पता लगाने के लिए शेयर के मूल्यों का पिछले कुछ दिनों का अध्ययन कीजिए। यदि लगातार मूल्य स्थिर है उधर कम्पनी भी काफी पुरानी हो चुकी है, तो इसका अर्थ है कि कम्पनी

अपनी परिपक्वता की अवस्था में पहुंच गई है। इस प्रकार की कम्पनियों के शेयरों में भविष्य में बहुत उछाल आने की सम्भावना नहीं रहती है। अतः इस प्रकार के शेयरों को बेच देना चाहिए।

(स) किन शेयरों को खरीदें

क्रेता सावधान–

भारतीय अर्थव्यवस्था दिनोंदिन राजकीय प्रतिबन्धों से मुक्त होती जा रही है। दूसरों का धन हड़प लेने की प्रवृत्ति वाली कम्पनियों की बाढ़ आती जा रही है। घोटाले हो रहे हैं। इन परिस्थितियों में यदि कम्पनियों के शेयर खरीदने में क्रेता सावधान न रहा, तो किस समय विनियोक्ता का विनियोग उसके हाथ से निकल जाएगा इस सम्बन्ध में कुछ भी नहीं कहा जा सकता है। विनियोग करते समय के लिए कहावत प्रचलित है कि **"पहले सुरक्षा फिर लाभ"** इसका शत-प्रतिशत पालन करना ही होगा। अतः विनियोग करते समय किसी पर विश्वास न करें। मौखिक प्रतिज्ञाओं पर भरोसा न करें। घोटालों से दूर रहें और कम्पनी के सम्बन्ध में पर्याप्त छानबीन करने के बाद उसकी लाभदायकता और साख पर भरोसा होने पर ही उसके शेयर खरीदें।

यदि शेयर खरीदते समय क्रेता के रूप में आप सावधान न रहे, तो मगरमच्छों के तालाब में छोटी मछली के समान रहेंगे। यह बात नई कम्पनियों के प्रथम इश्यू में तो और भी महत्वपूर्ण हो जाती है। शेयर खरीदते समय सावधानी बरतने की इसलिए भी आवश्यकता है कि यदि खरीद ही गलत हो गई, तो उसकी बिक्री भी लाभ नहीं दे पाएगी। अंततः पूरा सौदा ही खराब हो जाएगा। पूंजी आपकी है। लाभ-हानि आपको होगा। अतः सावधानी भी आपको ही रखनी होगी।

शेयरों की खरीद और बिक्री आपस में जुड़ी हुई क्रियाएं हैं और दोनों एक-दूसरे पर निर्भर हैं। जब तक शेयर खरीदे नहीं जाएंगे, तब तक बिक्री

सम्भव नहीं है। जब तक शेयर बेचे नहीं जाएंगे, तब तक किसी अन्य के लिए उनकी खरीद सम्भव नहीं है। अतः यदि आपके पास अतिरिक्त धनराशि है, या शेयरों की बिक्री से धनराशि प्राप्त हुई है, तो अपने पोर्टफोलियो के लिए अच्छे शेयर खरीद सकते हैं। शेयरों की खरीद के समय निम्नलिखित शेयरों पर भी ध्यान देना चाहिए।

1. वापसी वाले शेयर खरीदें

सभी का समय समान नहीं होता है। यदि किसी का समय आज खराब है, तो कल अच्छा समय भी आएगा। यही नियम कम्पनियों पर भी लागू होता है। यदि किसी कम्पनी के किसी भी कारण से बुरे दिन चल रहे थे, और अब वह बुराइयां समाप्त हो गई हैं या स्थितियां सुधार पर हैं, तब निश्चित ही उनके शेयरों में बहार आएगी। वर्तमान में इस प्रकार के शेयर मिट्टी के मोल मिल जाते हैं, लेकिन कुछ समय बाद सोना सिद्ध होते हैं। अतः खोजी दृष्टि रखते हुए उन कम्पनियों के शेयरों का मूल्यांकन करना चाहिए जिनकी अच्छी वापसी सम्भावित है, जैसे–

- बीमार कम्पनियों के शेयर जो टर्नएराउंड की स्थिति में हैं और सुधार प्रारम्भ हो गया है। कम्पनी को पुनः उत्पादन में आने में बहुत ही कम समय है।
- जो छोटी कम्पनियां अच्छी कम्पनियों के साथ विलय कर रही हैं, या मार्केटिंग आदि का समझौता कर रही हैं।
- जिन कम्पनियों के मैनेजमेन्ट में परिवर्तन किया जा रहा है और योग्य व्यक्ति मैनेजमेन्ट में शामिल हो रहे हों।
- निजी क्षेत्र की कोई इकाई, सार्वजनिक क्षेत्र में प्रवेश कर रही हो।
- जो कम्पनियां बड़े शेयर बाजारों में सूचीबद्ध होने जा रही हों।
- जो कम्पनियां प्लांट का विस्तार कर रही हों और क्षमता में वृद्धि हो रही हों।

उपर्युक्त परिस्थितियों में ध्यान दिया जा सकता है, लेकिन इसका अर्थ यह नहीं है कि उपर्युक्त कम्पनियां हमेशा अच्छा रिजल्ट ही देंगी। इनमें उन कम्पनियों के शेयरों पर विशेष ध्यान देना चाहिए, जिनकी परिस्थितियां उनके अनुकूल हों। बीमार इकाई का पुनर्वासन होना सफलता की गारंटी नहीं है जब तक पुरानी बीमारी के सभी लक्षण समाप्त न हो जाएं।

2. जिन शेयरों का मूल्य क्विक सम्पत्तियों की तुलना में कम है

कम्पनी की बैलेंसशीट के माध्यम से क्विक सम्पत्तियों की गणना करके (अल्पकालीन सम्पत्तियां–सभी प्रकार के अल्प एवं दीर्घ दायित्व) इन सम्पत्तियों के मूल्य में कम्पनी के इक्विटी शेयरों की संख्या का भाग देकर प्रति शेयर क्विक सम्पत्ति मूल्य प्राप्त किया जा सकता है। इस प्रकार से प्राप्त प्रति शेयर मूल्य की तुलना शेयर के चालू बाजार मूल्य से करना चाहिए। यदि चालू बाजार मूल्य क्विक ऐसेट मूल्य से कम है, तो विशेषज्ञों की राय है कि इस शेयर की उस समय खरीदा जाना चाहिए, जब बाजार का रुख वृद्धि की ओर प्रारम्भ हो जाए। इस प्रकार के शेयरों के मूल्यों में बुल मार्केट में अधिक उछाल आता है, इस गणना को शुद्ध वर्किंग कैपिटल विधि भी कहा जाता है।

3. अल्प समय के लिए छोटी पूंजी वाली कम्पनियों के शेयर भी खरीदे जा सकते हैं

जिन कम्पनियों की पूंजी तुलनात्मक रूप से छोटी है, उनके व्यवसाय में भारी उतार-चढ़ाव कम आते हैं। अतः इन कम्पनियों के शेयरों का मूल्य भी अपेक्षाकृत कम रहता है। इन कम्पनियों के शेयर भी बाजार के उठने के संकेत मिलने पर थोड़े समय के लिए खरीदे जा सकते हैं, क्योंकि इन कम्पनियों के शेयरों में कम धनराशि विनियोजित करके, अधिक लाभ कमाया जा सकता है। जैसे बाजार के उठने के संकेत पर मि. ए ने छोटी कम्पनी के 20 रु. की दर से कुछ शेयर और मि. बी ने अच्छी कंपनी के

100 रु. की दर से कुछ शेयर खरीदे। बाजार में मि. ए के शेयरों के मूल्य में 5 रु. की वृद्धि हुई तथा मि. बी के शेयरों मे भी 5 रु. की वृद्धि हुई। यद्यपि दोनों शेयरों में वृद्धि बराबर है, लेकिन मि. ए के शेयरों की वृद्धि दर 25 प्रतिशत है, जब कि मि. बी के शेयरों की वृद्धि दर 5 प्रतिशत है।

4. जिन शेयरों के मूल्य में गिरावट का प्रतिशत अधिक रहा है

मन्दे शेयर बाजार में जिन अच्छी कम्पनियों के शेयरों में बहुत अधिक गिरावट आई है, उन शेयरों को मन्दी की अवस्था में न्यूनतम मूल्यों में खरीदा जा सकता है, क्योंकि मूल्यों में बहुत अधिक गिरावट का अर्थ है कि शेयर चंचल प्रकृति के हैं। जब शेयर बाजार में उठान शुरू होगा तब इन शेयरों में मूल्य बढ़ने की गति भी अधिक रहेगी। इन शेयरों को खरीदते समय मूल्यों में गिरावट की तुलना करने के लिए गत मन्दे बाजार में इन शेयरों के मूल्यों में गिरावट की तुलना वर्तमान मन्दे बाजार में मूल्यों में गिरावट के प्रतिशत से करना चाहिए। विशेषज्ञों की राय है कि यदि गत मन्दे बाजार की तुलना में वर्तमान मन्दे बाजार में मूल्य अधिक गिरे हैं, तो अवश्य इन शेयरों को खरीदा जा सकता है।

5. टीनएजर्स छांटिए, आदमी नहीं

मनुष्य की विभिन्न अवस्थाओं में जिस प्रकार टीनएजर्स में विकास की दर सबसे अधिक होती है और जैसे-जैसे युवा अवस्था और परिपक्वता की अवस्था आती-जाती है, वैसे ही वैसे शारीरिक और मानसिक विकास की दर मन्द होती जाती है। वही स्थिति शेयरों के सम्बन्ध में भी है। शेयर विशेषज्ञों का मत है कि किसी कम्पनी के प्रारम्भ के दस वर्षों में जो विकास की दर होती है वह पूंजी विनियोजन के अनुपात में तीव्र गति से होती है।

अतः यदि किसी कम्पनी की स्थापना के 2 से 5 वर्ष का समय छोड़कर शेयर खरीदे जाएं तो उन शेयरों के मूल्यों में भारी वृद्धि की सम्भावना

होती है और बड़ी मात्रा में पूंजी लाभ कमाया जा सकता है। चूंकि कम्पनी का जीवन बहुत लम्बा होता है और प्रारम्भिक अवस्था में उद्यमियों के पास उत्साह होता है, क्षमता होती है, समस्याएं कम होती हैं अतः सारा प्रयास विकास में और कम्पनी को बढ़ाने में लगता है। दूसरी ओर जब कम्पनी को काफी समय हो जाता है, तो उसकी योजनाएं भी बड़ी हो जाती हैं। समस्याएं भी बड़ी हो जाती हैं। विकास तो होता है, लेकिन विकास की गति मन्द हो जाती है। अतः यदि छांटने का अवसर मिले तो किशोर और तरुण छांटिए, आदमी नहीं।

6. 'जी' खरीदिए 'आई' नहीं

शेयर विशेषज्ञों की राय है कि शेयर के क्रेता को हमेशा 'जी' (Growth) वाला शेयर खरीदना चाहिए, उसे आई (Income) के चक्कर में नहीं पड़ना चाहिए। ग्रोथ शेयर की पहचान यही है कि उसकी अर्निंग की दर काफी अधिक होती है, लेकिन इससे वर्तमान में आय (Income) कम होती है। क्योंकि इस श्रेणी की कम्पनियां अपनी वर्तमान आय का अधिकांश भाग पुनः कम्पनी में विनियोग करती है ताकि कम्पनी की आन्तरिक मजबूती बढ़ सके। यह आन्तरिक मजबूती देर सबेर शेयर धारकों के हित में ही होती है। और शेयर के मूल्यों में वृद्धि होती है जिससे शेयर धारक को भारी पूंजी लाभ होता है। दूसरी ओर रिजर्व बढ़ने से भविष्य में बोनस शेयर भी मिलते हैं। चतुर निवेशक शेयर खरीदते समय बड़ा G ढूंढ़ते हैं बड़ी I नहीं। जो निवेशक जी और आई दोनों ढूंढ़ते हैं वे कुछ भी नहीं ढूंढ़ पाते।

(द) किन शेयरों को रोकें ?

शेयरों को हमेशा चलायमान बनाए रखना भी अच्छी नीति नहीं है। शेयर विशेषज्ञों की राय है कि अच्छे शेयर लम्बे समय में ही बड़ा लाभ देते हैं। वैसे भी बार-बार शेयर खरीदना, बार-बार बेचना, कई बार हानिकारक भी हो सकता है, क्योंकि बार-बार कमीशन देना, देर तक बिक्री राशि का रुका रहना, शेयर ट्रांसफर में देरी होना आदि कई बातें हो सकती हैं।

दूसरी ओर शेयर को अनावश्यक रूप से पोर्टफोलियो में बनाए रखना भी उचित नहीं है, क्योंकि इससे अच्छे अवसर हाथ से निकल जाते हैं। अतः शेयरों को उचित समय तक ही पोर्टफोलियो में रखना चाहिए। इस उचित समय का निर्णय लेना भी एक कला है। इस कला में निपुण निवेशक लाभ उठाते हैं। यहां पर इस कला में सहायक कुछ बातों की चर्चा की जा रही है।

1. थोड़े विचलन से परेशान न हों

कभी-कभी अच्छी कम्पनियां भी छोटी-छोटी गलतियां कर बैठती हैं जिसके कारण उनकी आलोचना शुरू हो जाती है और उनका भविष्य कमजोर दिखाई देता है। लेकिन इस प्रकार के श्रेष्ठ प्रबन्ध वाली कम्पनियां इन गलत कार्यों से जल्दी ही छुटकारा भी पा लेती हैं। अतः यदि कम्पनी का मूल प्रोजेक्ट अपनी गति से ठीक चल रहा है, तो थोड़े विचलन से परेशान होकर अच्छी कम्पनियों के शेयर बेचने नहीं चाहिए, वरन् आने पास रखें और प्रतीक्षा करें।

2. अव्यवस्थित बाजार से दूर रहें

कभी-कभी शेयर बाजार अव्यवस्था के दौर से गुज़रता है तथा मूल्यों में अनावश्यक रूप से भारी उतार-चढ़ाव होते हैं। ऐसी स्थिति में चतुर निवेशक प्रतीक्षा करते हैं तथा अव्यवस्था का यह दौर (जो सामान्यतः बहुत कम अवधि का होता है) जब समाप्त हो जाता है, तब कारोबार पुनः प्रारम्भ करते हैं। अतः जब बाजार सम्बन्धी आपके अनुमान, बाजार में हो रहे परिवर्तनों के आसपास भी नहीं पहुंच रहे हों, तब कुछ दिनों के लिए बाजार से दूर रहना चाहिए।

3. अचानक लुप्त होने वाले शेयर

जिन शेयरों में अचानक भारी खरीद शुरू हो जाए या वे शेयर बाजार से गायब हो जाएं। उन शेयरों के सम्बन्ध में समझना चाहिए कि निश्चित रूप से इन शेयरों में कुछ दाल में काला है। या तो प्रमोटर स्वयं इन शेयरों

में रुचि ले रहें हैं या कोई इनसाइडर न्यूज है। यदि इस प्रकार के कुछ शेयर आपके पोर्टफोलियो में भी हैं, तो स्थिति को स्पष्ट होने तक प्रतीक्षा करनी चाहिए।

4. जिन्हें खरीद नहीं सकते, उन्हें न रोके

आपके पोर्टफोलियो के कुछ शेयरों का वर्तमान बाजार भाव अच्छा चल रहा है, लेकिन आप फिर भी नहीं बेच रहे हैं। यदि उन्हीं शेयरों को क्रय करने का प्रस्ताव आपके सामने रखा जाए, तो आप खरीदने में उन शेयरों को महंगा बता रहे हैं। इस स्थिति में आप सचेत हो जाइए, क्योंकि जब इन शेयरों को खरीद नहीं सकते तो देर सबेर अन्य क्रेताओं की भी यही स्थिति होगी। अतः इस प्रकार के शेयरों को अपने पोर्टफोलियो में न रोकें।

5. शेयरों से इश्क कीजिए, शादी नहीं

कोई शेयर हमेशा अच्छा नहीं रह सकता है, अतः समय के अनुसार उसे बदलते रहना चाहिए। शेयर विशेषज्ञों की राय है कि शेयरों से इश्क तो कीजिए, उन्हें प्यार कीजिए, अपने पास रखें, लेकिन उनसे शादी की हद तक न जाइए। ऐसे बन्धन से दूर रहें। बिल्कुल पेड़ के पंछी न बनें, इतने दीवाने न बने कि साथ मरने-जीने की कसमें खाने लगें। किसी शेयर को पोर्टफोलियो में तभी तक स्थान दें, जब तक वह आपकी गणनाओं, आपके सिद्धान्तों तथा आपकी आशाओं के अनुरूप खरा उतरे।

5

अपना होमवर्क कीजिए

यदि आप अपने शौक के कारण शेयरों का सौदा करते हैं, तो कोई बात नहीं। लेकिन यदि लाभ कमाने के उद्देश्य से शेयर कारोबार करते हैं, तो इस विषय में गम्भीरता से विचार करने की आवश्यकता है, क्योंकि शेयर कारोबार अन्य व्यवसायों से भिन्न है। शेयरों का क्रय-विक्रय एक कठिन कार्य है और इस व्यवसाय में सफलता के लिए लगातार कठोर मेहनत और नियमित होमवर्क करने की आवश्यकता है। जिन लोगों ने मेहनत और होमवर्क किया है, वे निश्चित रूप से सफल हुए हैं। अतः आपके लिए भी महत्वपूर्ण परामर्श है कि अपना होमवर्क कीजिए। यहां पर उन बिन्दुओं और कार्यों की चर्चा की जा रही है, जिन्हें एक समझदार निवेशक को समय निकाल कर करना ही चाहिए–

क. कुछ गणित

ख. कुछ इतिहास

ग. कुछ नियम

घ. कुछ करनी

ड. कुछ चौकन्नापन।

(क) कुछ गणित

यहां पर कुछ साधारण गणनाओं के विषय में बताया जा रहा है, जो महत्वपूर्ण निर्णय लेने में आपके लिए सहायक होगी।

1. प्राप्ति दर की गणना कीजिए (Rate of Return)

किसी विनियोग से एक निश्चित अवधि में (सामान्यतः एक वर्ष में) क्या प्राप्त हुआ? और यह प्राप्ति मूल विनियोग की तुलना में कितनी है? इसकी गणना आवश्यक हो जाती है, ताकि विभिन्न विनियोगों के मध्य इस बात का पता लगाया जा सके कि किस शेयर से या किस विनियोग से ज्यादा प्राप्ति हो रही है और किससे कम। इस दर को ही रेट ऑफ रिटर्न कहा जाता है। इसकी गणना निम्नलिखित प्रकार से की जाती है:

सूत्र

$$\frac{\text{वार्षिक आय} + \left(\text{वर्ष के अन्त में मूल्य - क्रय मूल्य}\right)}{\text{क्रय मूल्य}} \times 100$$

> उदाहरण–माना कोई शेयर वर्ष के प्रारंभ में 50 रुपए में क्रय किया। वर्ष भर में इस शेयर पर 3 रु. का लाभांश घोषित किया गया तथा वर्ष के अन्त में शेयर 58 रु. में बिका। प्राप्ति दर की गणना कीजिए।

$$\text{प्राप्ति दर} = \frac{\text{वार्षिक आय } \left(\text{अंतिम मूल्य - क्रय मूल्य}\right)}{\text{क्रय मूल्य}} \times 100$$

$$= \frac{3+(58-50)}{50} \times 100$$

$$= \frac{3+8}{50} \times 100$$

$$= \frac{11}{50} \times 100$$

$$= 22\%$$

सम्बन्धित शेयर से विनियोग पर 22% की प्राप्ति हुई। इस दर की गणना करके विभिन्न विनियोगों की आपस में तुलना की जा सकती है। इस दर

की गणना करने के लिए शेयर को बेचना आवश्यक नहीं है। किसी भी तिथि को शेयर का बाजार मूल्य लेकर इस दर की गणना की जा सकती है।

2. होल्डिंग पीरियड की रिटर्न ज्ञात कीजिए

पोर्टफोलियो से किस विनियोग को हटाना है, इसका निर्णय करने के लिए इसकी गणना की जा सकती है कि जितने दिन सम्बन्धित विनियोग पोटफोलियो में रहा, उस अवधि में किस दर से प्राप्ति हुई। इसके लिए निम्नलिखित सूत्र का उपयोग किया जा सकता है।

$$\text{धारण अवधि की दर} = \frac{\text{धारण अवधि की कुल आय}}{\text{खरीद मूल्य}} \times 100$$

इस तथ्य को निम्नलिखित उदाहरण से समझा जा सकता है—

> मि. नमन ने एक कम्पनी के 100 इक्विटी शेयर 25 रु. प्रति शेयर की दर से क्रय किए। मि. नमन ने इन शेयरों को तीन वर्ष तक अपने पोर्टफोलियों में रखा। इस अवधि में मि. नमन को 1600 रुपए लाभांश के रूप में मिले। तीन वर्ष के अन्त में इन शेयरों को 45 रु. प्रति शेयर की दर से बेचा। धारण अवधि की प्राप्ति दर की गणना कीजिए।

हल–

खरीद मूल्य $= 100 \times 25 = 2500$ रुपए

धारण अवधि की आय

1. लाभांश की आय = 1600 रुपए

2. पूंजी वृद्धि $(45-25) \times 100 = 2000$ रुपए

$$\text{धारण अवधि प्राप्ति दर} = \frac{\text{धारण अवधि की आय}}{\text{खरीद मूल्य}} \times 100$$

$$= \frac{1600 + 2000}{2500} \times 100$$

$$= \frac{3600}{2500} \times 100$$

$$= 144\%$$

इसी प्रकार अन्य शेयरों की धारण अवधि में प्राप्ति दर की गणना करके तुलनात्मक अध्ययन से यह निर्णय लिया जा सकता है कि किसी शेयर को बेचना है या किस शेयर को रोकना है।

3. साधारण और चक्रवृद्धि ब्याज दरों को भी ध्यान में रखें–

यदि अन्य बातें समान रहें, तो प्राप्ति की साधारण दर की अपेक्षा चक्रवृद्धि दर अधिक लाभदायक रहती है। यदि साधारण और चक्रवृद्धि दरों पर विनियोग के विकल्प उपलब्ध हों, तो चक्रवृद्धि दर वाले विनियोग को प्राथमिकता देना लाभदायक रहेगा। इस बात को एक उदाहरण से समझा जा सकता है—

> विनियोग 'अ' में 24% वार्षिक आय का प्रस्ताव है, जबकि विनियोग "ब" में 2% मासिक आधार पर चक्रवृद्धि आधार पर आय के भुगतान का प्रस्ताव है। यदि विनियोक्ता को 100 रु. एक वर्ष के लिए विनियोजित करना है, तो विनियोग का कौन-सा विकल्प लाभदायक होगा।

हल–

साधारण तरीके से देखने से आभास होता है कि 24% वार्षिक दर और 2% मासिक दोनों दरें समान हैं। लेकिन विनियोग 'अ' से वर्ष के अन्त में विनियोक्ता को 100 रुपए के विनियोग पर केवल 124 रु. (100 रु. मूलधन + 24 रु. ब्याज) ही मिलेंगे।

जबकि विनियोग "ब" में 2% मासिक आय को चक्रवृद्धि की दर से गणना करने पर मूलधन $\times \left(1+\frac{\text{दर}}{100}\right)^{\text{समय}}$

अर्थात् $100\left(1+\frac{2}{100}\right)^{12}$ कुल रुपया 126.82 की प्राप्ति होगी। इस प्रकार विनियोग "ब" अधिक उपयोगी रहेगा।

4. प्राप्तियों का वर्तमान मूल्य भी ज्ञात कीजिए

कोई भी व्यक्ति किसी शेयर का उतना ही मूल्य देना चाहता है, जितना भविष्य में उस शेयर से प्राप्त हो सकने वाली आय का वर्तमान मूल्य है। अतः किसी शेयर से भविष्य में प्राप्त हो सकने वाली आय का वर्तमान मूल्य ज्ञात करके शेयर का खरीद मूल्य निर्धारित किया जा सकता है—

> एक कम्पनी (अनुमान के अनुसार) अपने 100 रुपए अंकित मूल्य वाले शेयर पर प्रथम वर्ष में 20 रुपए, द्वितीय वर्ष में 30 रुपए एवं तीसरे वर्ष में 40 रुपए लाभांश देगी। यदि इस शेयर को केवल तीन वर्ष रोकना हो तथा तीसरे वर्ष के अन्त में शेयर के 120 रुपए में बिकने का अनुमान हो, तो आज इस शेयर को किस मूल्य पर खरीदा जा सकता है। यहां यह अनुमान है कि ब्याज दर 25% रहेगी।

हल–

अनुमान के अनुसार विनियोक्ता को प्रथम वर्ष में 20 रुपए, द्वितीय वर्ष में 30 रुपए तथा तीसरे वर्ष में 160 रुपए (120 रुपए बिक्री मूल्य + 40 रु. लाभांश) प्राप्त होंगे। इन तीनों प्राप्तियों का यदि वर्तमान मूल्य सारणी

की सहायता से वर्तमान मूल्य ज्ञात किया जाए, तो शेयर का वर्तमान मूल्य निम्नलिखित होगा—

प्राप्तियां	**वर्तमान मूल्य गुणक**	**वर्तमान मूल्य**
20	0.800	16.00
30	0.640	19.20
160	0.512	81.92
	योग–	117.12

इस प्रकार शेयर का वर्तमान मूल्य लगभग 117 रुपए हो सकता है। इस मूल्य से अधिक मूल्य पर इस शेयर को क्रय करना उचित नहीं होगा।

नोट :

वर्तमान मूल्यों के गुणक अधिकृत सारणी से देखे जा सकते हैं।

इसी प्रकार यदि लाभांश की वार्षिक वृद्धि दर ज्ञात हो तो भी शेयर का वर्तमान मूल्य ज्ञात किया जा सकता है। इस बात को एक उदाहरण से समझा जा सकता है—

> कम्पनी एक्स द्वारा अगले वर्ष में प्रति शेयर 2.50 रुपए लाभांश देने का प्रस्ताव है। अगले वर्षों में लाभांश में 10% की दर से वृद्धि का अनुमान है। यदि लाभ की सामान्य दर 15% मानी जाए तो शेयर का वर्तमान मूल्य ज्ञात कीजिए।

यह माना जाता है कि कम्पनी लम्बे समय तक चलती रहेगी और जब तक कम्पनी रहेगी तब तक शेयर भी रहेगा। चूंकि लाभांश में वृद्धि दर स्थिर है अतः वर्तमान मूल्य ज्ञात करने के लिए निम्नलिखित सूत्र का प्रयोग किया जा सकता है।

$$\text{वर्तमान मूल्य} = \frac{\text{प्रति शेयर लाभांश}}{\text{अनुमानित प्राप्ति दर-लाभांश की वृद्धि दर}} \times 100$$

$$= \frac{2.50}{15-10} \times 100$$

$$= \frac{2.50}{5} \times 100$$

$$= 50 \text{ रुपए।}$$

इस प्रकार इस शेयर का वर्तमान मूल्य 50 रुपए हो सकता है। इस सूत्र का उपयोग तभी करना चाहिए, जब अनुमानित लाभ की दर लाभांश वृद्धि दर से अधिक हो।

5. मूल्य आय अनुपात की गणना कीजिए (P/E Ratio)

किसी भी कम्पनी के शेयर का बाजार मूल्य उस शेयर की प्रति शेयर कमाई पर निर्भर करता है। कोई भी विनियोक्ता शेयर का मूल्य दो बातों के लिए देता है। एक वर्तमान कमाई के रूप में डिवीडेंड के लिए और दूसरे भविष्य की कमाई के लिए कम्पनी की मजबूती के लिए। छोटे विनियोक्ता अधिक दर से डिवीडेंड चाहते हैं, क्योंकि इन्हें अपने जीवन-यापन के लिए वर्तमान में आय चाहिए, जबकि अधिक आय समूह वाले विनियोक्ता कम दर में डिवीडेंड चाहते हैं और शेष राशि कम्पनी में विनियोजित रहने देना चाहते हैं। ताकि उनके शेयरों का मूल्य भविष्य में बढ़े और वे पूंजीगत लाभ कमाएं। दोनों ही विनियोक्ताओं का उद्देश्य प्रति शेयर अधिक कमाई से पूरा होता है।

शेयर क्रय करते समय इस बात की जांच करने के लिए कि शेयर का वर्तमान मूल्य वास्तविक मूल्य से कम है या अधिक, दो तथ्यों की जानकारी ली जाती है। एक प्रति शेयर प्राप्ति और दूसरा मूल्य-आय अनुपात। इनकी गणना इस प्रकार है—

$$\text{प्रति शेयर प्राप्ति} = \frac{\text{टैक्स के बाद लाभ - पूर्वधिकारी शेयरों पर लाभांश}}{\text{इक्विटी शेयरों की संख्या}}$$

$$\text{मूल्य-आय अनुपात} = \frac{\text{प्रति शेयर बाजार मूल्य}}{\text{प्रति शेयर प्राप्ति}}$$

मूल्य आय अनुपात हमें यह बताता है कि शेयर का बाजार मूल्य शेयर से प्राप्त हो रही आय से कितने गुणा अधिक है? यदि यह एक अनुपात 6 है, तो इसका आशय यह है कि यदि अन्य बातें समान रहें और शेयर पर प्राप्त होने वाली आय का योग करते रहें, तो 6 वर्ष में शेयर का मूल्य वसूल हो जाएगा। सामान्यतः यदि यह अनुपात 10 तक है, तो कम्पनी के शेयर क्रय करने का निर्णय ले लेना चाहिए। वैसे तो यह अनुपात जितना कम होगा उतना ही शेयर को क्रय करने में फायदा है, क्योंकि धन की वापसी जल्दी हो जाएगी। लेकिन यह 3 से कम होने पर भी अच्छा नहीं माना जाता है, क्योंकि शेयर से कमाई तो दिखाई दे रही है, लेकिन शेयर के प्रति आम निवेशक का उत्साह नहीं है। तभी शेयर का बाजार मूल्य कम है, क्योंकि बाजार मूल्य कम होने पर ही मूल्य-आय अनुपात कम हो जाता है। अतः भविष्य में इस शेयर को बेचने में कठिनाई आएगी, क्योंकि आम निवेशक इस शेयर को नहीं चाहता है। देखा यह गया है कि कुछ अच्छी और ग्रोथ वाली कम्पनियों में यह अनुपात 30 से 40 तक या इससे भी अधिक हो जाता है। बहुत अधिक अनुपात होने का अर्थ माना जाता है कि यह सट्टे का शेयर है और जानबूझ कर इस शेयर का बाजार मूल्य बढ़ाया जा रहा है। अतः बहुत अधिक P/E Ratio वाले शेयर भी क्रय करने में सावधानी रखनी चाहिए।

मूल्य-आय अनुपात की गणना के आधार पर चतुर विनियोक्ता इस बात का भी अध्ययन करते हैं कि किसी शेयर का वर्तमान मूल्य उचित है या नहीं। अर्थात् यह मूल्य वास्तविक मूल्य से कम है या अधिक और इसी आधार पर शेयर के क्रय-विक्रय का निर्णय लेते हैं। वास्तविक मूल्य

(Intrinsic Price) की गणना निम्नलिखित प्रकार से की जा सकती है–

1. शेयर का निर्गमन मूल्य	– 10 रु. प्रति शेयर
2. वर्तमान वर्ष में अर्निंग	– 6 रु. प्रति शेयर
3. पुस्तक मूल्य	– 23 रु. प्रति शेयर
4. गत तीन वर्षों का P/BV Ratio	– प्रथम वर्ष 1.30 – द्वितीय वर्ष 1.58 – तृतीय वर्ष 1.53
5. गत तीन वर्षों का P/E Ratio	– प्रथम वर्ष 4.50 – द्वितीय वर्ष 5.00 – तृतीय वर्ष 5.50

$$\text{औसत } P/E \text{ Ratio} = \frac{4.50 + 5.00 + 5.50}{3}$$

$$= \frac{15}{3}$$

$$= 5$$

$$\text{औसत } P/Bv \text{ Ratio} = \frac{1.30 + 1.58 + 1.53}{3}$$

$$= \frac{4.41}{3}$$

$$= 1.47$$

P/E Ratio के आधार पर शेयर का वास्तविक मूल्य = प्रति शेयर अर्निंग×औसत P/E Ratio

$$= 6 \times 5 = 30 \text{ रु.}$$

P/Bv Ratio के आधार पर वास्तविक मूल्य

$$= \text{पुस्तक मूल्य} \times P/Bv \text{ Ratio}$$

$$= 23 \times 1.47 = 33.81 \text{ रु.}$$

दोनों ही आधारों पर गणना करने पर शेयर का वास्तविक मूल्य 30 रुपए और 34 रुपये के मध्य है। कुछ निवेशक इन दोनों मूल्यों का औसत निकालते हैं, जो 32 रु. आता है। अतः शेयर का वर्तमान वास्तविक मूल्य 32 रु. माना जा सकता है। वर्तमान बाजार मूल्य 32 रु. से कम हो, तो शेयर खरीदा जा सकता है, जबकि 32 रु. से अधिक बाजार मूल्य होने पर शेयर को बेचा जा सकता है।

6. मूविंग एवरेज से भी बाजार के रुख का पता लगता है

किसी शेयर के कुछ दिनों के मूल्यों के आधार पर मूविंग एवरेज की गणना करके इस बात का पता लगाया जा सकता है कि बाजार का रुख वृद्धि की ओर है या गिरावट की ओर। लम्बे समय के रुख का पता लगाने के लिए कम से कम 200 दिन तक प्रतिदिन का मूल्य लेते हैं या प्रति सप्ताह का मूल्य लेकर कम से कम 30 सप्ताह की गणना करते हैं। थोड़े समय के रुख का पता लगाने के लिए 60 दिन के मूल्य और अल्पवधि के रुख का पता लगाने के लिए कम से कम 10 दिन के मूल्यों की गणना करते हैं। यहां पर 10 दिन के मूल्यों के आधार पर 5 दिवसीय मूविंग एवरेज की गणना करके स्थिति स्पष्ट की जा रही है।

दिवस	अन्तिम मूल्य	पांच दिनों के मूल्यों का योग	मूविंग एवरेज
1.	30.00	-	
2.	31.00	-	
3.	30.50	-	
4.	29.50	-	
5.	31.00	152.00	30.40
6.	31.50	153.50	30.70

7.	31.50	154.00	30.80
8.	31.50	155.00	31.00
9.	32.00	157.50	31.50
10.	33.00	159.50	31.90

उपर्युक्त उदाहरण से स्थिति स्पष्ट है कि बाजार का अल्पकालिक रुख वृद्धि की ओर है। गणना करने के लिए जितने दिवसीय मूविंग एवरेज का चयन किया जाता है, उतने दिन के मूल्यों का योग किया जाता है। जैसे उपरोक्त उदाहरण में 5 दिवसीय मूविंग एवरेज की गणना की गई है। अतः पहले पांच दिनों के मूल्यों का योग किया गया। फिर पहले दिन का मूल्य छोड़कर 2 से 6 दिनों तक को फिर पहले और दूसरे दिन का मूल्य छोड़कर तीसरे से सातवें दिन के मूल्यों का योग किया गया है। यह क्रिया तब तक चलती रहेगी, जब तक कि सब मूल्य शामिल न हो जाए। बाद में 5 से प्रत्येक योग को विभाजित करके मूविंग एवरेज प्राप्त कर लिया गया है।

7. शेयर की चंचलता का अध्ययन करके जोखिम का अनुमान लगाया जा सकता है

किसी शेयर के मूल्यों में भारी उतार-चढ़ाव उराकी चंचलता पर निर्भर करता है। जो शेयर अधिक चंचल होते हैं, उनके मूल्यों में उतार-चढ़ाव की गति उतनी ही अधिक होती है। अर्थात यदि उनके मूल्य तीव्र गति से बढ़ते हैं, तो तुरन्त ही किसी प्रतिक्रिया में उतनी ही तीव्र गति से गिरते भी हैं। अतः अधिक चंचल शेयरों में जोखिम की मात्रा अधिक रहती है। यदि विनियोक्ता चौकन्ना नहीं रहता, तो किसी भी समय धोखा खा सकता है। वैसे तो शेयर विशेषज्ञों का मानना है कि जिस शेयर में सट्टा अधिक होगा या जानबूझकर मैनीपुलेशन या कारनरिंग आदि की क्रियाएं की जाती हैं उन शेयरों में चंचलता अधिक होती है। गणितीय विधि से

किसी शेयर की चंचलता निम्नलिखित प्रकार से ज्ञात की जा सकती है।

$$\text{चंचलता (\%)} = \frac{\text{उच्चतम मूल्य} - \text{न्यूनतम मूल्य}}{\text{न्यूनतम मूल्य}} \times 100$$

इस गणना के लिए किसी अवधि विशेष के शेयर के उच्चतम और न्यूनतम मूल्य लेकर गणना की जाती है। साधारणतः शेयर की चंचलता का अध्ययन करके चतुर विनियोक्ता ज्यादा लाभ कमाते हैं।

8. बीटा (Beta) की गणना करें

किसी शेयर की बाजारू जोखिम ज्ञात करने के लिए बीटा की गणना की जाती है। बीटा की गणना करके निवेशक अपने शेयर की संवेदनशीलता का पता लगा सकता है। बीटा की गणना करके यह ज्ञात हो जाता है कि शेयर का बाजार के साथ क्या सम्बन्ध है? इस संवेदनशीलता का ज्ञान रहने से निवेशक चढ़ते बाजार और गिरते बाजार में अपने शेयर की स्थिति का पता लगाने में सफल रहता है। बीटा की गणना निम्नलिखित प्रकार से की जाती है।

$$\text{बीटा} = \frac{\text{शेयर विशेष की एक निश्चित अवधि में अर्निंग}}{\text{सम्पूर्ण बाजार की उसी अवधि में अर्निंग}}$$

यदि किसी कम्पनी के शेयर का बीटा 1 (एक) है, तो इसका आशय है कि शेयर बाजार के इंडेक्स में जिस गति से परिवर्तन होंगे। उसी गति से + या – में शेयर के मूल्यों में भी परिवर्तन होगा। यदि बीटा एक से अधिक है, तो इसका आशय है कि बाजार के इंडेक्स की अपेक्षा शेयर के मूल्यों में अधिक परिवर्तन होंगे। इसी प्रकार यदि बीटा एक से कम है, तो इसका आशय यह है कि शेयर बाजार के इंडेक्स में होने वाले परिवर्तनों की तुलना में शेयर के मूल्यों में मन्द गति से परिवर्तन होंगे।

मान एक्स शेयर से वार्षिक कमाई की दर 12 प्रतिशत है, जबकि सम्पूर्ण बाजार में कमाई की दर 10 प्रतिशत है। इस शेयर का बीटा (12 + 10) अर्थात 1.2 है। इसका आशय यह है कि एक्स कम्पनी के मूल्यों में परिवर्तन की दर बाजार के मूल्यों में औसत परिवर्तन की दर से 1.2 गुना रहेगी अर्थात् एक्स कम्पनी के मूल्यों में बाजार की अपेक्षा तीव्र परिवर्तन होंगे।

यहां यह बात ध्यान में रखनी होगी कि बीटा से केवल शेयर की संवेदनशीलता का आभास होता है, इसके आधार पर निवेशक का ध्यान शेयर मूल्यों की ओर आकर्षित होता है। अकेले बीटा के आधार पर कोई महत्वपूर्ण निर्णय नहीं लिया जा सकता है।

(ख) कुछ इतिहास

कहावत है कि इतिहास अपने को दोहराता है। अतः कुछ पुरानी सूचनाओं की भी आवश्यकता होती है। जैसे

9. कई वर्ष के आंकड़े देखने होंगे

कुछ कम्पनियां बाजार में अपनी चमक-दमक बनाए रखने के लिए अपने आंकड़ों को इस प्रकार सजाती है, ताकि कम्पनी की स्थिति आकर्षक लगे। इस स्थिति को कम्पनी की विन्डो ड्रेसिंग के नाम से जाना जाता है। अनेक निवेशक इस ऊपरी आकर्षण से प्रभावित होकर कम्पनी के शेयरों में भारी विनियोग करते हैं। लेकिन विंडो ड्रेसिंग की यह स्थिति अल्पकालीन होती है, अतः निवेशक को पिछले कई वर्षों के आंकड़ों का विश्लेषण करना चाहिए, ताकि कम्पनी की वास्तविक स्थिति ज्ञात हो सके। इसके लिए निवेशक सम्बन्धित कम्पनी के आडीटर की रिपोर्ट और बोर्ड ऑफ डायरेक्टर के चेयरमैन का भाषण सावधानी से पढ़ना चाहिए। विभिन्न प्रकार के रेशियो आदि की गणना करनी चाहिए तथा लाभ-हानि

खाते एवं आर्थिक चिट्ठे की महत्वपूर्ण मदों का पिछले वर्ष के आंकड़ों से मिलान करना चाहिए। यदि किसी मद में असामान्य परिवर्तन हुए हैं, तो उस मद की गहराई से जांच करनी चाहिए।

सामान्य परिस्थितियों में निम्नलिखित मदों में कम्पनी की गत 3 से 5 वर्ष की सूचनाएं एकत्र करनी चाहिए।

- बिक्री
- शेयर होल्डर्स फण्ड
- टैक्स से पूर्व के लाभ
- टैक्स के बाद के लाभ
- लाभों का पुनर्विनियोग
- कम्पनी की सम्पत्तियां

इन मदों का रुख यदि वृद्धि की ओर है, तो कम्पनी की स्थिति अच्छी कही जा सकती है।

10. कम्पनी की किताबे बन्द होने का भी ध्यान रखिए

कम्पनी की किताबे बन्द होने का आशय शेयर होल्डरों के रजिस्टर के बन्द होने से है। कम्पनियां डिवीडेंड देने या बोनस शेयर या राइट शेयर ज़ारी करने से पहले एक निश्चित अवधि के लिए शेयर होल्डर का रजिस्टर बन्द कर देती हैं और इसकी सूचना प्रमुख समाचार पत्रों और पत्रिकाओं में देती हैं। रजिस्टर बन्द होने की अवधि में शेयरों का हस्तान्तरण नहीं होता है। अतः इस तिथि की जानकारी रखनी आवश्यक है। रजिस्टर बन्द रहने की अवधि में जिन शेयरों का क्रय-विक्रय होता है, शेयर बाज़ार में उन शेयरों के मूल्य के सामने इस बात का संकेत कर दिया जाता है कि शेयर का यह मूल्य किस प्रकार का है। यदि शेयर मूल्य के सामने एक्स डिवीडेंड लिखा है, तो इसका अर्थ है कि रजिस्टर बंद होने से पूर्व की अवधि का डिवीडेंड क्रेता को नहीं मिलेगा। इसी प्रकार यदि कम डिवीडेंड लिखा है, तो इसका अर्थ है कि रजिस्टर बन्द होने से पूर्व की अवधि का

डिवीडेंड क्रेता को मिलेगा। इसी प्रकार यदि रजिस्टर बोनस शेयर या राइट शेयर जारी करने के लिए बन्द हुआ है, तो शेयरों के मूल्य के सामने एक्स बोनस कम बोनस एक्स राइट आदि शब्द अंकित किए जाते हैं। अतः शेयरों का सौदा करते समय इन संकेतों को भी ध्यान में रखना होगा।

11. अर्थव्यवस्था का अध्ययन करते रहिए

देश की अर्थव्यवस्था में होने वाले परिवर्तनों का शेयर बाजार में व्यापक प्रभाव पड़ता है और शेयर बाजार के रुख से शेयरों के मूल्य प्रभावित होते हैं। अतः एक चतुर विनियोक्ता को अर्थव्यवस्था में होने वाले परिवर्तनों का अध्ययन लगातार करते रहना चाहिए। यदि परिवर्तनों से दूरगामी परिणाम आने की सम्भावना हो तो अपने पोर्टफोलियो को भी परिवर्तन करने का निर्णय लेना चाहिए। यहां पर अर्थव्यवस्था को प्रभावित कर सकने वाले कुछ मुख्य बिन्दुओं की स्थिति बताई जा रही है कि वे बिन्दु किस स्तर के होने चाहिए।

प्रमुख बिन्दु	अच्छे शेयर बाजार के होने लिए कैसे चाहिए
सकल राष्ट्रीय उत्पाद	उच्चस्तर की वृद्धि दर
घरेलू बचतें	उच्चस्तर की दर
रोजगार की स्थिति	पूर्ण रोजगार हो
कर की दरें	न्यूनतम हों
ब्याज की दर	न्यूनतम हों
विदेशी व्यापार का शेष	धनात्मक हो
भुगतान का शेष	धनात्मक हो
विदेशी मुद्रा का संचय	उच्चस्तर का
मुद्रास्फीति	कोमलस्तर की
बजट घाटा	न्यूनतम हो
कृषि क्षेत्र का उत्पादन	उच्चस्तर पर हो
औद्योगिक क्षेत्र का उत्पादन	उच्चस्तर का
आवास निर्माण	उच्चस्तर का
विद्युत आपूर्ति एवं यातायात सेवाएं	उच्चस्तर की हों

यदि उपरोक्त बिन्दु विपरीत दिशा में होंगे, तो शेयर बाजार में प्रतिकूल प्रभाव पड़ सकता है। यहां यह भी ध्यान रखना चाहिए कि सम्पूर्ण शेयर बाजार किसी एक बिन्दु में हुए परिवर्तन से बड़ी मात्रा में प्रभावित नहीं होता है, जब तक कई बिन्दु एक साथ एक ही दिशा में और बड़ी मात्रा में परिवर्तित न हों।

अतः समाचार पत्रों एवं पत्रिकाओं, राजकीय प्रकाशनों, सर्वेक्षणों के निष्कर्षों आदि के माध्यम से इन प्रमुख बिन्दुओं में होने वाले परिवर्तनों को नोट करते रहना चाहिए और इनके प्रभाव का अध्ययन करते रहना चाहिए।

12. कम्पनी और उद्योग के जीवन चक्र पर भी नजर रखिए

जिस कम्पनी के शेयर क्रय किए जा रहे हैं या आपके पोर्टफोलियो में जिनके शेयर हैं, उन कम्पनियों के जीवन चक्र का भी पता करना चाहिए, क्योंकि शेयर का मूल्य इस बात से भी प्रभावित होता है कि कम्पनी अपने जीवन की किस अवस्था में है। कंपनी की अवस्था की जानकारी होना निवेशक के लिए इतना ही महत्वपूर्ण है, जितना भूखे के लिए भोजन। सामान्यतः कोई उद्योग या कम्पनी निम्नलिखित चार अवस्थाओं से गुजरती है।

- प्रारम्भिक अवस्था
- विकास की अवस्था
- परिपक्वता की अवस्था
- गिरावट की अवस्था

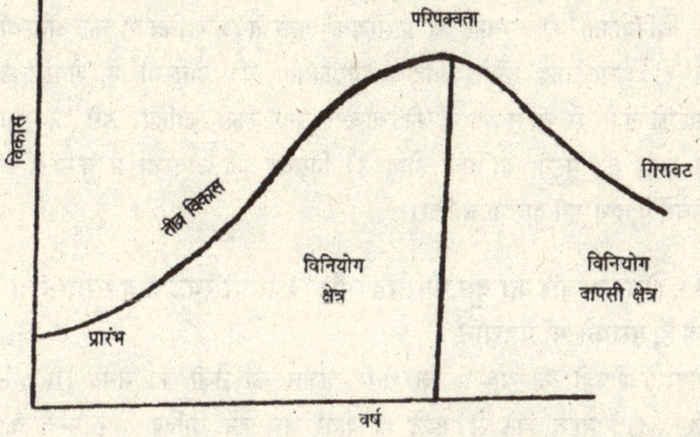

इन अवस्थाओं को अगले पृष्ठ पर दिए गए चित्र के माध्यम से आसानी से समझा जा सकता है।

कोई भी कम्पनी या उद्योग वर्तमान में किस अवस्था में है, इस बात का पता लगाना अत्यन्त कठिन कार्य है। एकदम शुद्ध स्थिति का ज्ञान तो सम्भव नहीं है, लेकिन कम्पनी के प्रकाशित आंकड़े, उसकी आयु एवं बाजार में स्थिति आदि के आधार पर अवस्था का अनुमान अवश्य लगाया जा सकता है। प्रारम्भिक अवस्था में नई टेक्नोलॉजी का प्रयोग होता है, नया उत्पाद बाज़ार में आता है तथा निम्न स्तर की प्रतिस्पर्धा होती है और उस उत्पाद की कुछ कम्पनियां ही बाजर में होती हैं। विकास की अवस्था में बिक्री, लाभ, गुणवत्ता, बाज़ार प्रतिस्पर्धा सभी में वृद्धि होती है और कम्पनी की ख्याति बढ़ती है। परिपक्वता की अवस्था में सम्पत्तियों, बिक्री, लाभो आदि में स्थिरता आ जाती है और कई वर्षों तक स्थिति ज्यों

की त्यों बनी रहती है। गिरावट की अवस्था में बिक्री, लाभ आदि में वर्ष प्रति वर्ष गिरावट आती-जाती है।

विनियोक्ता को कम्पनी की प्रारम्भिक अवस्था और विकास की अवस्था में ही शेयर क्रय करने चाहिए। परिपक्वता की अवस्था में शेयर को पार्टफोलियो से बाहर करने की योजना बना लेनी चाहिए। इस अवस्था में शेयर का मूल्य सर्वाधिक होता है। गिरावट की अवस्था में कम्पनी के शेयरों में हाथ नहीं डालना चाहिए।

13. शेयर बाजार का बूम पीरियड और बियर पीरियड कब समाप्त हो रहे हैं, इसको भी पहचाने

शेयर विशेषज्ञों की राय है कि शेयर बाजार का तेज़ी का समय (Boom Period) समाप्त होने से पहले ही शेयर बेच देने चाहिए और मन्दी का समय समाप्त होने से पूर्व ही अच्छी और मजबूत कम्पनियों के शेयर खरीद लेने चाहिए। कुछ विनियोक्ता इतने चौकन्ने और चतुर नहीं होते हैं। उन लोगों के लिए सलाह दी गई है कि शेयर बाजार में गिरावट के लक्षण दिखते ही शेयर बेच कर हानि को कम कर लेना चाहिए और शेयर बाजार में उठान शुरू होते ही शेयर खरीदना चाहिए, ताकि कम लागत में शेयर मिल सकें। लेकिन आम निवेशक के सामने यह समस्या रहती है कि वह कैसे पहचानें कि शेयर बाजार का बूम पीरियड समाप्त होने जा रहा है या बियर पीरियड समाप्त होने जा रहा है। सहायता के लिए यहां पर कुछ बिन्दु दिए जा रहे हैं–

जब शेयर बाजार में निम्नलिखित लक्षण दिखाई देने लगते हैं, तो समझना चाहिए कि शेयर बाजार का शिखर समय (Boom Period) समाप्त होने जा रहा है—

- ➢ जब पी.ई. रेशियो में बहुत तेजी से वृद्धि प्रारम्भ हो जाए।
- ➢ जब निम्न कोटि के शेयरों के मूल्यों में भी एकदम से उछाल प्रारम्भ हो जाए।

- जब मरे हुए शेयर भी कब्र से बाहर आकर शेयर बाजार में चहल-कदमी करने लगें।
- जब सूचकांक प्रतिदिन छत पर पहुंचने लगे।
- जब गली कूचों में और यहां तक कि लिफ्ट ब्वाय तक शेयर खरीदने का टिप्स बताने लगे।
- जब मूर्ख विनियोक्ता भारी खरीदारी शुरू कर दें, तो समझो बूम पीरियड समाप्त होने जा रहा है या बियर पीरियड समाप्त होने जा रहा है।

उपरोक्त लक्षण इस बात के सूचक हैं कि अब शेयर बाज़ार अपनी चरम सीमा पर पहुंच चुका है। अतः चतुर विनियोक्ता इन परिस्थितियों में अपने पोर्टफोलियो को हल्का कर लेते हैं।

दूसरी ओर जब निम्नलिखित लक्षण दिखाई देने लगें, तब समझना चाहिए कि अब शेयर बाजार के बुरे दिन समाप्त होने वाले हैं, और उठान शुरू होने ही वाला है।

- जब पी.ई. रेशियो आश्चर्यजनक ढंग से बहुत गिर जाए।
- जब ब्लू चिप्स शेयरों की भी मांगे बन्द हो जाए और खरीददार गायब हो जाए।
- सूचकांक में गिरावट तो रुक जाए, लेकिन तब भी निवेशक दूर से देख रहे हों।
- शेयर बाजार में धुन्ध की स्थिति हो।
- जब शेयर दलाल अन्य व्यवसायों के सम्बन्ध में बात करने लगें।
- संस्थागत निवेशक छोटे-छोटे सौदे क्रय करना प्रारम्भ करें।

उपरोक्त लक्षण इस बात के सूचक हैं कि अब शेयर बाजार अपनी दुर्दशा की चरम सीमा में पहुंच गया है, अब सुनहरी किरण दिखाई देने वाली है। चतुर निवेशक इस स्थिति में मजबूत और ब्लू चिप्स शेयरों से अपने पोर्टफोलियो का थैला भर लेते हैं।

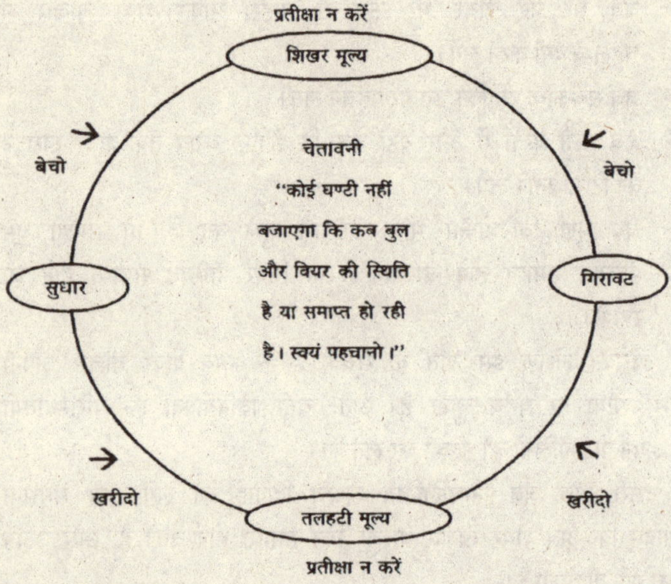

इस स्थिति को चित्र के माध्यम से आसानी से समझा जा सकता है।

(ग) कुछ नियम

पूर्वजों ने जो नियम बनाएं हैं, वे भी महत्वपूर्ण हैं और काम आते हैं। कुछ नियम निम्नलिखित हैं–

14. नियम 72 की गणना

जब कोई धनराशि चक्रवृद्धि ब्याज दर से विनियोजित की जाती है, तो वह धनराशि कितने वर्ष में दो गुना हो जाएगी? इस बात पता लगाने के लिए नियम 72 का उपयोग किया जाता है। इस नियम के अनुसार ब्याज दर से 72 को विभाजित करने से जो संख्या प्राप्त होगी उतने ही वर्षों में सम्बन्धित धनराशि दो गुनी हो जाएगी। उदाहरण के लिए यदि ब्याज दर 8% है तो (72/8) = 9 वर्ष में धन दो गुना होगा। ब्याज दर 12% है

तो 6 वर्ष में और यदि ब्याज दर 18% है, तो 4 वर्ष में धन दो गुना हो जाएगा। इस प्रकार यदि मूलधन जल्दी वापस लेना है, तो अधिक ब्याज दर वाली प्रतिभूति का चुनाव करना उचित रहता है।

15. 8/4 का नियम

शेयरों में विनियोग करने के लिए नियम 8/4 अत्यन्त ही महत्वपूर्ण होता है। इस नियम का पालन करके विनियोक्ता अपनी जोखिम को काफी कम कर सकते हैं। इस नियम का आशय यह है कि चतुर निवेशक के पोर्टफोलियो में कम से कम 8 शेयर अवश्य होने चाहिए, क्योंकि शेयर बाजार और कम्पनियां जोखिम से भरी हुई हैं। कहीं श्रमिकों की हड़ताल है कहीं भूकम्प है।

कहीं तूफान है, कहीं टेक्नोलॉजी साथ नहीं दे रही है। कहीं कानून अपना प्रभाव दिखा रहा है। यह सब बोझ शेयरों के ऊपर ही आता है और इतना बोझ कोई अकेला शेयर नहीं झेल सकता है। अतः शेयर बाजार के जोखिम का सामना करने के लिए कम-से-कम आठ शेयर तो पोर्टफोलियो में होने ही चाहिए। यदि आपके पास इतनी पूंजी नहीं है कि आठ शेयर रखे जा सकें, तो आपके लिए महत्वपूर्ण परामर्श है कि किसी अच्छे म्यूचुअल फण्ड की शरण में चले जाइए और शेयर कारोबार से दूर रहिए।

जहां तक 8 के साथ 4 का प्रश्न है, इसका आशय यह है कि आपके पोर्टफोलियों में जो 8 शेयर हैं वे कई बातों में कम से कम चार विशेषताएं रखते हों। चार बातों वाले क्षेत्र निम्नलिखित हैं–

- चार दिशाएं
- चार रास्ते
- चार उद्योग
- चार सम्पत्तियां

चार दिशाएं

यहां पर चार दिशाओं से आशय यह है कि आपके पोर्टफोलियो में जो शेयर शामिल हैं वे चारों दिशाओं में स्थित कम्पनियों के होने चाहिए, ताकि यदि प्राकृतिक प्रकोप या अनियन्त्रित कारणों से किसी एक क्षेत्र की कम्पनियां प्रभावित होती हैं, तो कम से कम दूसरे क्षेत्र के शेयर तो प्रभावित होने से बचे रहेंगे और जोखिम कम हो जाएगा। कुछ लोग चार

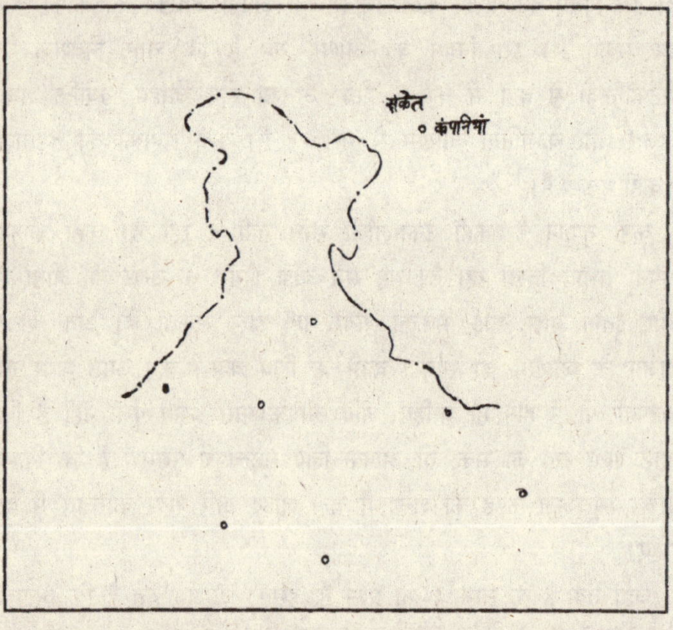

दिशाओं का परामर्श शेयर बाजारों से अर्थ निकाल कर देते हैं। उनके मतानुसार पोर्टफोलियो के शेयर कम से कम चार शेयर बाजारों में पंजीकृत होने चाहिए या चार शेयर बाजारों से क्रय किए जाने चाहिए। चूंकि सभी शेयर बाजारों की कार्यप्रणाली लगभग समान है। अतः चार शेयर बाजारों से शेयर क्रय करने में विशेष प्रयास करने की आवश्यकता नहीं है।

चार रास्ते

शेयरों को क्रय करने और उन्हें बेचने के लिए भी कई रास्ते हैं। शेयर विशेषज्ञों की राय है कि चतुर विनियोक्ता को किसी एक रास्ते को पकड़कर बैठे नहीं रहना चाहिए। अर्थात् एक ही रास्ते पर चल कर अपने विनियोग में वृद्धि करना आसान नहीं है। अतः पोर्टफोलियो का चयन करते समय, उसकी समीक्षा करते समय चारों रास्तों पर विचार करके प्रत्येक रास्ते से कुछ न कुछ शेयरों का सम्बन्ध रखना चाहिए। चार रास्ते निम्नलिखित हो सकते हैं–

पवित्र गाय की नीति

भारतीय संस्कृति में गाय का स्थान अत्यन्त ही महत्वपूर्ण है। गाय को पवित्र माना गया है और एक बार गाय को क्रय करने के बाद बहुत कम

लोग उसे बेचते हैं। यहां तक कि यदि गाय अनुपयोगी हो जाए तब भी उसे कटने के लिए नहीं बेचते हैं। यही स्थिति कुछ शेयर निवेशकों की भी होती है। जो शेयर को खरीदना तो जानते हैं, लेकिन उसे बेचते नहीं। यदि सभी निवेशक इस नीति के अनुसार कार्य करने लगें तो शेयरों का व्यापार बन्द हो जाएगा। यह नीति कुछ दशाओं में तो उपयोगी हो सकती है। जैसे ब्लू चिप्स और मजबूत आधार वाली कम्पनियों के कुछ शेयर प्रारम्भिक अवस्था में ही क्रय कर लिए जाएं और उन्हें लम्बे समय तक अपने पोर्टफोलियो में रखा जाए, क्योंकि इस प्रकार के शेयर जहां नियमित रूप से अच्छी आय प्रदान करते हैं, वहीं भविष्य में बोनस शेयर, मूल्य वृद्धि आदि के द्वारा इन शेयरों की संख्या और पूंजीगत मूल्य में भारी वृद्धि होती है। अतः शेयर विशेषज्ञों की राय है कि आपके पोर्टफोलियो में सब तो नहीं, लेकिन कुछ शेयर पवित्र गाय की भांति होने चाहिए।

पिग फार्मिंग नीति

सुअर पालन करने वाला व्यक्ति इस बात को भली-भांति जानता है कि

सुअरों का उपयोग केवल मीट के लिए है। सुअरों के शरीर में प्रारम्भिक अवस्था में तीव्र गति से मांस बढ़ता है और एक समय के बाद मांस बढ़ना बन्द हो जाता है। सुअर पालक सुअरों की आयु का ध्यान न रखकर जैसे ही मांस बढ़ता है, तुरन्त उसे बेच देता है और पुनः छोटे और सस्ते सुअर खरीद लेता है। इस प्रकार वह जल्दी-जल्दी क्रय और जल्दी-जल्दी विक्रय करके अधिकतम लाभ कमाता है। शेयरों के सम्बन्ध में भी यह नीति उपयोगी हो सकती है अर्थात् जैसे ही शेयर के मूल्य बढ़े, बड़े लाभों की प्रतीक्षा न करके उन्हें बेच कर कुछ लाभ ले लेना चाहिए। यदि यह चक्र चलता रहा, तो कुछ समय बाद काफी मात्रा में लाभ एकत्र हो जाने चाहिए। शेयर विशेषज्ञों की राय है कि आपके पोर्टफोलियो में कुछ शेयर इस नीति पर आधारित भी होने चाहिए।

याद रखें-

> "सुअर पालन मीट के लिए,
> शेयर पालन लाभ के लिए।"

राइस मिलर नीति

राइस मिलर हमेशा धान पैदा होने के मौसम में, बड़ी मात्रा में और सस्ते दामों में धान खरीद कर उनकी धीरे-धीरे मिलिंग करके धीरे-धीरे पूरे वर्ष में अच्छे मूल्यों पर चावल की बिक्री करता है और इस प्रकार से सस्ता धान क्रय करके और महंगा चावल बेच कर लाभ कमाता है।

शेयरों के सम्बन्ध में भी यह नीति उपयोगी होती है। मन्दे शेयर बाजार में अच्छी कम्पनियों के शेयर सस्ते दामों में मिल जाते हैं। अतः इस अवधि में जल्दी-जल्दी शेयर क्रय करके अच्छा पोर्टफोलियो बनाया जा सकता है। बाजार के उठान के समय इन शेयरों के मूल्य में वृद्धि होनी प्रारम्भ हो जाती है। अतः इस अवधि से आराम से शेयरों की बिक्री करनी चाहिए।

अतः आपके पोर्टफोलियो में इस नीति पर आधारित भी कुछ शेयर होने चाहिए।

ऊन व्यापारी की नीति

ऊन व्यापारी पूरे वर्ष अच्छी क्वालिटी की ऊन अपेक्षाकृत सस्ते दामों में धीरे-धीरे खरीदता है। उसके भंडारण की अच्छी व्यवस्था करता है और सर्दी का मौसम प्रारम्भ होते ही तीव्र गति से ऊन की बिक्री करता है। ऊन व्यापारी की कुशलता इसी बात पर निर्भर है कि वह कितनी चतुराई से कितनी जल्दी ऊन बेच देता है।

शेयरों के सम्बन्ध में यह नीति भी लागू होती है। चतुर निवेशक धीरे-धीरे, अच्छे-अच्छे शेयर खरीदते रहते हैं। उन शेयरों पर पूरी नजर रखते हैं और मूल्यों में वृद्धि प्रारम्भ होते ही तीव्र गति से शेयरों को बेचते हैं। आपके पोर्टफोलियो में इस प्रकार के भी कुछ शेयर होने चाहिए।

शेयरों के सम्बन्ध में उक्त चारों नीतियों और रास्तों को निम्नलिखित चार्ट से भली-भांति समझा जा सकता है।

नीति	व्यूह रचना	किन शेयरों का सौदा करें
1. गाय नीति	खरीदो और रोके रहो	अच्छे कामकाज वाली कम्पनियों के ग्रोथ शेयर एवं ब्लू चिप्स शेयर।
2. पिग फार्मिंग नीति	तीव्रगति से खरीदो और बेचो	ऐसी कम्पनियों के शेयरों में सौदा करें जिनके व्यवसाय में भारी उतार-चढ़ाव आते हैं जैसे शिपिंग प्लांटेशन, शुगर आदि।
3. राइस मिलर नीति	तीव्रगति से खरीदो और धीरे-धीरे बेचो	कटौती वाले शेयर खरीदें, जो मंदे शेयर बाजार में सस्ते मिलते हैं या उन कम्पनियों के शेयर खरीदें जो उदारीकरण, मूल्य नियन्त्रण से मुक्ति आदि का भविष्य में भारी लाभ उठाने वाली हैं।
4. ऊन व्यापार नीति	धीरे-धीरे खरीदो और तीव्र गति से बेचो	ऐसी कम्पनियों के शेयर जो टर्नएराउंड की स्थिति में हैं। अच्छा मैनेजमेंट आने वाला है, विलय होने वाला है आदि।

चार उद्योग

चार रास्तों के साथ-साथ शेयर विशषेज्ञों की राय है कि पोर्टफोलियो में जो न्यूनतम आठ शेयर शामिल किए गए हैं वे कम-से-कम चार उद्योगों का प्रतिनिधित्व करते हों, ताकि बाजार में होने वाले अनिश्चित परिवर्तनों, राजकीय नीतियों या बजट आदि से आप का पूरा पोर्टफोलियो विपरीत दिशा में प्रभावित न हो जाए, क्योंकि राजकीय नीतियों, बजट आदि से

कुछ क्षेत्र घाटे में रहते हैं तो कुछ क्षेत्र या उद्योग लाभ की स्थिति में भी रहते हैं। अतः पोर्टफोलियो सन्तुलित हो जाता है और जोखिम की मात्रा कम हो जाती है।

चार सम्पत्तियां

शेयर विशेषज्ञों ने निविशको का ध्यान इस ओर भी आकर्षित किया है कि अपने पोर्टफोलियो के लिए प्रतिभूतियों का चयन करते समय केवल शेयरों की ओर ही न देखें, वरन् अपनी आय, रुचि, जोखिम सहन करने की क्षमता और भविष्य की आवश्यकता को देखते हुए अपनी पूंजी को कम से कम चार प्रकार की सम्पत्तियों में विनियोजित करना चाहिए, ताकि जहां एक ओर जोखिम कम से कम हो, वहीं दूसरी ओर नियमित आय और पूंजी वृद्धि का लाभ भी प्राप्त किया जा सके

निवेश विशेषज्ञों की राय है कि चतुर निवेशक अपनी पूंजी को निम्नलिखित प्रकार से विभाजित करते हैं

(1) 5 से 35% तक	नकदी, कैस सर्टीफिकेट या तरल सम्पत्तियों में।
(2) 10 से 40% तक	निश्चित आय वाली प्रतिभूतियों में जैसे डिबेंचर, बॉण्ड आदि।
(3) 20 से 60% तक	इक्विटी शेयरों में।
(4) 5 से 20% तक	मुद्रास्फीत का सामना करने वाली प्रतिभूतियों में।

इस स्थिति को निम्नलिखित निवेश पिरामिड की सहायता से भी समझा जा सकता है।

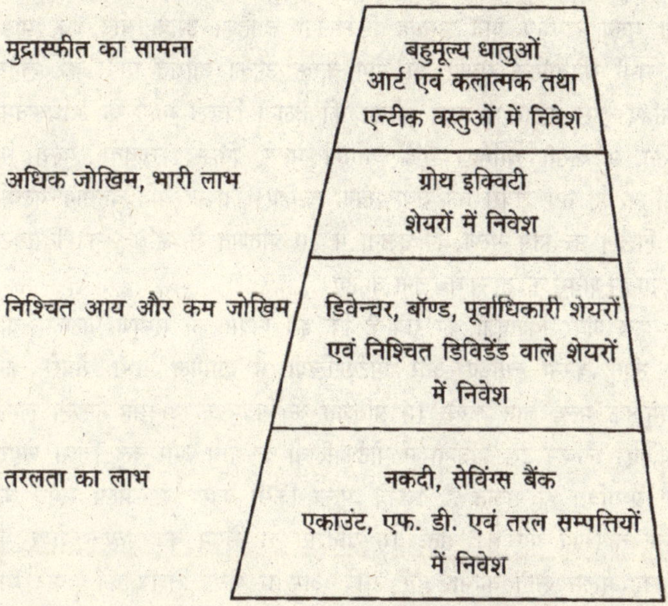

निवेश पिरामिड

कुछ शेयर विशेषज्ञों की राय है कि चार सम्पत्तियों के साथ-साथ शेयर निवेशकों को अपने पोर्टफोलियों के लिए कम-से-कम चार उद्योगों के शेयर खरीदने चाहिए, जो निवेशक केवल शेयरों में ही निवेश करने में रुचि रखते हैं, उनके लिए यह नीति उपयोगी हो सकती है।

16. 10% का नियम

कभी-कभी विनियोक्ता गलत निर्णय लेकर गलत प्रतिभूतियों में पूंजी निवेश कर देते हैं। लेकिन उन्हें इस बात का ज्ञान नहीं हो पाता है कि उनका निर्णय गलत हो गया है। इस प्रकार की गलतियों में सुधार करने

एवं जोखिम को कम करने में 10 प्रतिशत का नियम अत्यन्त सरल और महत्वपूर्ण सिद्ध हुआ है। इस नियम के अनुसार निवेशक को अपने शेयरों का मूल्य लगभग प्रति सप्ताह निकालना चाहिए। इसके बाद एक माह में सभी साप्ताहिक मूल्यों का योग करके उनका औसत प्राप्त कर लेना चाहिए। इस प्रकार से प्राप्त औसत की तुलना पिछले माहों के अधिकतम मूल्य से करनी चाहिए। यदि वर्तमान मूल्य, पिछले उच्चतम मूल्य से अधिक है, तब शेयरों को रोके रखना चाहिए। लेकिन यदि वर्तमान मूल्यों में पिछले उच्चतम मूल्य की तुलना में 10 प्रतिशत से अधिक की गिरावट है, तो इन शेयरों को तुरन्त बेच देना चाहिए।

कुछ शेयर विशेषज्ञों की राय है कि इस नियम को सम्पूर्ण पोर्टफोलियो में लागू करना चाहिए और पोर्टफोलियो में शामिल सभी शेयरों का सामूहिक मूल्य ज्ञात करके 10 प्रतिशत के नियम के अनुसार निर्णय लेना चाहिए। लेकिन इस प्रक्रिया में पोर्टफोलियो के ग्रोथ और ब्लू चिप्स शेयर भी प्रभावित हो सकते हैं, जिनके मूल्य किसी कारण से अल्प समय के लिए कम हो गए हैं। अतः 10 प्रतिशत के नियम को प्रत्येक शेयर में अलग-अलग लागू करना और उसके अनुसार शेयर विशेष को रोकने या बेचने का निर्णय लेना ज्यादा उपयुक्त रहेगा।

17. 2 का नियम

शेयर विशेषज्ञों ने 2 की संख्या को भी काफी महत्व प्रदान किया है। कुछ विशेषज्ञों के अनुसार शेयर बाजार में सफलता पाने के लिए दो ही नियम हैं–

नियम–1 कभी पूंजी न खोओ
नियम–2 हमेशा नियम–1 का पालन करो

जिस शेयर निवेशक ने इन दोनों नियमों का पालन किया है, वह हमेशा सफल रहा है। शेयर विशेषज्ञों की सलाह है कि शेयर बाजार में चाहे जो खेल खेलो, लेकिन पूंजी सुरक्षित रहनी चाहिए। जिस निवेशक की मूल

पूंजी में दाग लग गया, उसे छूत का रोग माना जाता है। अतः चौकन्ने रह कर मूल पूंजी को बचाए रखना है।

शेयर विशेषज्ञ मि. टेम्पलटन 2 के नियम को दूसरे रूप में देखते हैं उनका कहना है कि शेयर बाजार में कोई एक पैमाना हमेशा सफल नहीं हो सकता है। जो पैमाना ज्यादा प्रसिद्ध हो जाता है, वह निश्चित रूप से असफल हो जाता है। लेकिन दो पैमाने ऐसे हैं जो कभी फेल नहीं होते और न ही पुराने होते हैं।

एक – कठोर मेहनत।

दो – अच्छी खबर, बुरी खबर।

मि. टेम्पलटन का मानना है कि जो निवेशक अपनी पूंजी लगाकर सो जाते हैं उनकी पूंजी भी सो जाती है और जो निवेशक कठोर मेहनत करते हैं, उनकी पूंजी में मीठे फल लगते हैं। उनका इशारा निवेशक द्वारा किए जाने वाले होमवर्क से है। जहां तक बुरी खबर और अच्छी खबर का प्रश्न है। यह भी महत्वपूर्ण है। तीव्र दूरसंचार और इंटरनेट के युग में बुरी खबरें तेजी के साथ फैलती हैं, जबकि अच्छी खबरें देर से फैलती हैं। इस प्रकार की सूचनाएं सामान्यतः कम्पनियों से सम्बन्धित होती हैं। अतः चौकन्ने रहते हुए इस प्रकार की खबरों की वास्तविकता का पता लगाकर निर्णय लेने चहिए।

(घ) कुछ करनी

निवेशक को शेयरों के सम्बन्ध में कुछ न कुछ करते रहना चाहिए, ताकि वह अपडेट रहें।

18. रिकार्ड सीट बनाएं

भविष्य में निर्णय लेने के लिए शेयर से सम्बन्धित अनेक सूचनाओं की आवश्यकता होती है। यह सभी सूचनाएं तभी मिल सकती हैं, जबकि प्रत्येक शेयर के लिए एक रिकार्ड सीट बनाई जाए। रिकार्ड सीट का नमूना निम्न प्रकार से हो सकता है।

रिकार्ड सीट–

शेयर खरीद के समय इन बिन्दुओं को भरें

शेयर/कंपनी का नाम ......

खरीद तिथि ......

कितने समय जांचा परखा ......

खरीद की सलाह किसने दी ......

क्यों खरीदा ......

बाजार का रुख ......

शेयर के मूल्य–

खरीद मूल्य ......

एक दिन पूर्व का मूल्य ......

एक सप्ताह पूर्व का मूल्य ......

एक माह पूर्व का मूल्य ......

विक्रेता ने शेयर क्यों बेचा ......

भविष्य की इच्छित रिटर्न (%) ......

हानि रोको बिन्दु आदेश ......

पोर्टफोलियो समीक्षा के समय इन बिन्दुओं को भरें–

समीक्षा की तिथि ......

इंडेक्स का अन्तिम मूल्य........... (खरीद तिथि से परिवर्तन का प्रतिशत)

शेयर का बाजार मूल्य............. (खरीद तिथि से परिवर्तन का %)

क्या वर्तमान मूल्य से सन्तुष्ट हैं ......

बाज़ार का रुख ......

शेयर का रुख ......

क्या लक्षित मूल्य आ गया है? ......

यदि हां, तो फिर क्यों रोके हैं ......

यदि नहीं तो कहां गलती हुई ......

पुनः निर्धारित लक्ष्य ......

शेयर बिक्री के समय इन बिन्दुओं को भरें–

बिक्री की तिथि ......

शेयर को कितने समय रोका ......

इंडेक्स का अन्तिम मूल्य ......

– खरीदी तिथि से परिवर्तन का %

– समीक्षा तिथि से परिवर्तन का %

शेयर मूल्य

– खरीद तिथि से परिवर्तन का %

– समीक्षा तिथि से परिवर्तन का %

क्या शेयर से सन्तुष्ट हैं ......

खरीद के बाद का उच्चतम मूल्य ......

खरीद के बाद का न्यूनतम मूल्य ......

बिक्री के कारण ......

बिक्री की सलाह किसकी है ......

यह सीट प्रत्येक शेयर के लिए बनाना ठीक रहता है। यदि शेयर का कारोबार बड़ा है, तो यह सीट तैयार करके रख लेना चाहिए और शेयर क्रय करते ही उसकी सूचनाएं भर देना चाहिए, ताकि समय न बरबाद हो।

19. स्टाप लॉस बिन्दु निश्चित कीजिए

माना जाता है कि शेयर बाजार में घाटे का 90% कारण निवेशक द्वारा स्टॉप लॉस का ऑर्डर न देना और ओवर ट्रेडिंग करना है। स्टाप लॉस का आशय ग्राहक द्वारा अपने दलाल को दिया गया एक आदेश है, जिसमें एक निश्चित बिन्दु से नीचे शेयर का मूल्य गिरने पर शेयर बेचने को कहा

जाता है। यह आदेश विनियोक्ता को शेयर खरीदते समय ही दे देना चाहिए। यह एक अत्यन्त ही महत्वपूर्ण बात है। अतः सर्वप्रथम अपना स्टाप लॉस बिन्दु निर्धारित कीजिए। यह प्रत्येक सौदे के लिए अलग-अलग हो सकता है। यदि यह प्रतिशत (%) में निर्धारित किया जाए तो सभी सौदों के लिए एक ही हो सकता है। कई बार निवेशक आवश्यकता से अधिक चतुराई दिखाते हैं और बाजार का रुख विपरीत दिशा में जाते देख अपना स्टाप लॉस ऑर्डर बदल देते हैं। यह एक गलत निर्णय है और कभी भी अनर्थकारी हो सकता है। जब तक कोई स्पष्ट और खास कारण न हो तब तक शेयर बाजार के निर्णय में अफवाहों आदि के आधार पर अपना निर्णय नहीं बदलना चाहिए।

20. युद्ध की तैयारी हमेशा करो

सामान्यतः देखा गया है कि युद्ध में वही जीतता है जो युद्ध हो या न हो, लेकिन स्वयं को युद्ध के लिए हमेशा तैयार रखता है। यही नियम शेयर बाजार में भी लागू होता है।

आप शेयर का सौदा आज करें या न करें, लेकिन शेयर बाजार के सम्बन्ध में सम्पूर्ण जानकारी रखो। गिद्ध की नज़र रखो, मूल्यांकन करते रहें, क्या मालूम किस समय आपको निर्णय लेना पड़ जाए? अतः चतुर विनियोक्ता वही है जो विभिन्न प्रकार की सूचनाओं से स्वयं को सुसज्जित रखता है। अर्थव्यवस्था में, उद्योग में, कम्पनी विशेष में, सरकारी नीतियों आदि में होने वाले परिवर्तनों में पैनी नज़र रख़ता है और भविष्य का पूर्वानुमान लगाता है। आज लगभग सभी समाचार पत्र, पत्रिकाएं, शेयर बाजार के सम्बन्ध में सूचनाएं प्रकाशित करते हैं।

कुछ तो विशेषांक निकालते रहते हैं। टी. वी. के कुछ चैनल तो नियमित सूचनाएं प्रसारित करते रहते हैं। कम्प्यूटर एवं इन्टरनेट ने तो सूचनाओं का आदान-प्रदान और तीव्र कर दिया है। अतः स्वयं को ताजी

सूचनाओं से सज्जित रखो। विभिन्न प्रकार की सूचनाओं के लिए नेट, टी.वी. आदि स्रोतों का सहारा लिया जा सकता है।

21. कम्पनी की कुछ सूचनाएं भी रखिए

समय-समय पर निर्णय लेते समय कम्पनी सम्बन्धी कुछ सूचनाओं की अत्यन्त आवश्यकता होती है। यदि इन सूचनाओं को एक बार एकत्र करके अपनी डायरी में लिख लिया जाए और समय-समय पर इन्हें अद्यतन करते रहें, तो भविष्य में बहुत सहायता मिलती है। यह महत्वपूर्ण सूचनाएं निम्नलिखित हो सकती हैं—

- चेयरमैन एवं मैनेजिंग डायरेक्टर के नाम।
- कम्पनी के प्लांट किस स्थान पर स्थापित हैं?
- कम्पनी के उत्पाद मुख्य व्यवसाय आदि।
- कम्पनी किस ग्रुप से सम्बन्धित है?
- सम्बन्धित ग्रुप की अन्य प्रमुख कम्पनियों के नाम।
- कम्पनी के खाते बन्द होने की तिथि।
- राइट इश्यू या डिवीडेंड के लिए सामान्यतः कम्पनी की पुस्तकें किस माह में बन्द होती हैं।
- शेयर धारकों की संख्या।
- ट्रेडिंग लाट।
- उन शेयर बाजारों के नाम जहां कम्पनी के शेयर सूचीबद्ध हैं।
- कम्पनी की पूंजी में विभिन्न साधनों का अनुपात।
- शेयर का अंकित मूल्य।
- कम्पनी की सहायक या होलडिंग कम्पनियों के नाम आदि।

(ङ) कुछ चौकन्नापन

शेयर निवेशक को चौकन्ना रहने की अत्यंत आवश्यकता है, क्योंकि हर कोई निवेशक को ही बेवकूफ बनाने की कोशिश करता है।

22. डिवीडेन्ड के जाल को भी ध्यान में रखना होगा

कुछ कम्पनियां अत्यन्त ही आकर्षक डिवीडेन्ड की घोषणा करती हैं। डिवीडेन्ड की दर को देखकर आम निवेशक यह समझता है कि कम्पनी अपना सब कुछ निवेशकों के बीच लुटा रही है। जबकि यदि पर्दा उठाकर देखा जाए, तो ज्ञात होगा कि कम्पनी वास्तव में बहुत ही कम लाभ का भुगतान कर रही है। डिवीडेन्ड की आकर्षक दरों के आधार पर अनेक निवेशक महंगे दामों में कम्पनी के शेयर खरीद लेते हैं। इस स्थिति को निम्नलिखित उदाहरण से समझा जा सकता है—

> माना की कम्पनी "ए" ने 10 रु. मूल्य वाला शेयर 50 रु. प्रीमियम पर जारी किया। वर्ष के अन्त में कम्पनी ने 60% डिवीडेन्ड घोषित किया। ऊपरी तौर पर देखने से ऐसा लगता है कि कम्पनी ने बहुत अधिक डिवीडेन्ड घोषित किया है। डिवीडेन्ड चूंकि अंकित मूल्य पर दिया जाता है अतः निवेशक को 10 रुपए मूल्य पर 60% की दर से केवल 6 रु. डिवीडेन्ड के मिलेंगे, जबकि निर्वशक ने वास्तव में एक शेयर के लिए 60 रु, (10 रु. + 50 रु. प्रीमियम) विनियोजित किया है। अतः 60 रु. पर 6 रु. की प्राप्ति केवल 10% ही हुई, न कि 60% । इसी प्रकार जो निवेशक बाजार से शेयर क्रय करते हैं उन्हें डिवीडेन्ड की दर को अपने खरीद मूल्य से गणना करनी चाहिए, ताकि वास्तविक दर का पता लग सके।

23. राइट इश्यू से भी बचा जा सकता है

यदि कोई पुरानी कम्पनी कोई अतिरिक्त इश्यू लाती है, तो वह इन शेयरों को सर्वप्रथम अपने वर्तमान शेयरधारकों को क्रय करने का अधिकार देती

है। इस पहले खरीदने के अधिकार को ही राइट कहते हैं। राइट इश्यू सामान्यतः प्रीमियम मूल्य पर ज़ारी किया जाता है। लेकिन फिर भी राइट इश्यू से पूर्व सामान्यतः कम्पनी के शेयर का भाव बढ़ जाता है, क्योंकि एक तो अनेक व्यक्ति इन शेयरों को इसलिए खरीदने लगते हैं, ताकि उन्हें कम मूल्य पर राइट इश्यू मिल गया। दूसरे कुछ कम्पनियां कृत्रित तरीकों से शेयरों का मूल्य बढ़ा देती हैं। राइट इश्यू के बाद साधारणतः शेयरों का मूल्य गिर जाता है, क्योंकि एक तो क्रेताओं की संख्या कम हो जाती है, दूसरे शेयरों की संख्या भी अधिक हो जाती है। अतः छोटे निवेशकों को राइट इश्यू का लालच तब तक नहीं करना चाहिए, जब तक कि फंडामेंटल मजबूत न हो। फंडामेंटल मजबूत होने पर शेयर देर सबेर लाभ पहुंचाता है।

24. प्राइमरी मार्केट में नया इश्यू खरीदने से पहले कुछ खोजे

यदि आपने शेयर खरीदने के लिए प्राइमरी मार्केट का चयन किया है अर्थात कम्पनियों द्वारा लाए जा रहे इश्युओं से शेयर खरीद रहे हैं तो विशेष सावधानी की आवश्यकता है। पहले आप खोजी बनिए, खोज कीजिए, फिर शेयर खरीदिए। यदि आप कुछ बातों की ओर ध्यान दें तो विशेष मेहनत करने की आवश्यकता नहीं पड़ेगी और आपके हाथ अच्छे शेयर आ जाएंगे। नए इश्यू खरीदने से पूर्व निम्नलिखित प्रकार की कम्पनियों पर विशेष खोज करें।

जिनके प्रमोटरों की कारगुजारी संदेहजनक है

इस श्रेणी के प्रमोटरों के किस्से पत्र-पत्रिकाओं में छपते रहते हैं। इस श्रेणी के कुछ प्रमोटर निम्नलिखित होते हैं—

- जो नई जनरेशन के हैं और उनका व्यावसायिक अनुभव कुछ भी नहीं है।
- जिन्होंने अब तक जितनी कम्पनियां बनाई हैं, सब घाटे में रही हैं।

- जिन्हें आर्थिक अपराधों के लिए दंडित किया गया है।
- जिन्होंने अब तक दर्जनों कम्पनियां बनाई और कोई भी उत्पादन में नहीं आ सकी।
- जिन कम्पनियों की परियोजनाओं का विशेषज्ञों द्वारा मूल्यांकन नहीं हुआ है और शेयर ज़ारी कर रही हैं।
- जिन्होंने ख्याति प्राप्त कम्पनियों से मिलता-जुलता नाम रख लिया है।
- जिनके बोर्ड ऑफ डायरेक्टर में रिटायर्ड अफसरों की भरमार हो।
- जो कम्पनियां प्राइवेट प्लेसमेंट से धन एकत्र कर रही हैं।

6

कुछ चुनिए

यदि आप शेयरों में रुचि रख रहे हैं, उनका कारोबार कर रहे हैं या कारोबार करने जा रहे हैं या उनमें निवेश कर रह हैं, तो आपको कुछ चुनना ही होगा। कोई भी कितना ही चतुर निवेशक क्यों न हो, वह सभी कम्पनियों की सभी प्रतिभूतियों में सौदा नहीं कर सकता है। सभी दलालों से सम्बन्ध नहीं रख सकता है। वैसे तो शेयर बाजार में सब उल्टा-पुल्टा है, कुछ भी निश्चित नहीं है। कब क्या हो जाएगा? कौन-सा शेयर ऊंचाई के शिखर पर पहुंच जाएगा? कौन-सा शेयर औंधे मुंह गिरेगा? कुछ भी नहीं कहा जा सकता है। लेकिन चूंकि आप धन लगाने जा रहे हैं। अतः बहुतों गें रो अच्छे का चुनाव करना होगा। यहां पर कुछ विषयों की अच्छाई बताई जा रही है। आप अपना निर्णय लेते समय इन बातों को भी ध्यान में रख सकते हैं—

1. शेयर बाजार (Share Market)

शेयर बाजार एक ऐसा स्थान है, जहां पर केवल बाजार के सदस्य (दलाल) ही पहले से सूचीबद्ध प्रतिभूतियों (शेयर, डिबेंचर, बॉण्ड आदि) का क्रय-विक्रय करते हैं।

- शेयर बाजार वायदों की दुनिया है।
- अफवाहों की बड़ी फैक्ट्री है।
- पूंजी खोने वालों का बहुमत होता है।
- अदृश्य लोगों का जमघट है।
- केवल काग़ज़ों का क्रय-विक्रय होता है।

शेयर तो कहीं से भी खरीदे जा सकते हैं, लेकिन बिक्री के लिए तो शेयर बाजार की शरण में जाना ही होगा, क्योंकि शेयर बाजार से बाहर शेयरों की बिक्री का किया गया सौदा वैध नहीं होता है। वर्तमान में नेशनल स्टाक एक्सचेंज ओ.टी.सी. को मिलाकर 23 शेयर बाजार हैं। एक ही कम्पनी के शेयर कई-कई शेयर बाजारों में सूचीबद्ध होते हैं। कोई भी व्यक्ति दलाल के माध्यम से किसी भी शेयर बाजार में सौदा कर सकता है। शेयर बाजारों के मूल्य प्रतिदिन प्रकाशित होते हैं। अतः आप किसी भी शेयर बाज़ार का चुनाव कर सकते हैं।

सामान्यतः बड़ी कम्पनियों के शेयर बाम्बे शेयर बाजार में सूचीबद्ध होते हैं और इसी शेयर बाजार की हलचल सभी शेयर बाजारों में सुनाई देती है। छोटी कम्पनियों के शेयर नेंशनल स्टाक एक्सचेंज में सूचीबद्ध होते हैं। वर्तमान में देश में राष्ट्रीय स्तर के BSE एवं NSE नाम के दो ही शेयर बाजार हैं, इन दोनों बाजारों में शेयर क्रय विक्रय की सम्पूर्ण प्रक्रिया कम्प्यूटराइज्ड है। सब कुछ पारदर्शी है। सभी विवरण कम्प्यूटर की स्क्रीन पर आता है। इन बाजारों में आसानी से इंटरनेट के माध्यम से घर बैठे कारोबार किया जा सकता है।

2. दलाल (Brokers)

शेयर बाजार में कोई भी सौदा बिना दलाल के नहीं किया जा सकता है और आपके सौदे की सफलता काफी सीमा तक आपके दलाल पर भी निर्भर है। अतः दलाल का चुनाव भी सावधानी के साथ करना चाहिए। दलालों में कुछ विशेषताएं पाई जाती हैं। जैसे–

1. अधिक से अधिक दलाली कमाना चाहता है।
2. खरीदने का छोटा से छोटा सौदा भी ले लेता है।
3. कभी बिक्री की सलाह नहीं देगा।
4. नई कम्पनियों के शेयर बेचने मे ज्यादा रुचि रहती है।

- आपके आदेशों का गुलाम है।
- कमीशन चाहिए।
- आपके लाभ-हानि के लिए उत्तरदायी नहीं है।
- ज्यादातर कार्य मौखिक करता है।
- दूसरों के धन से खेल खेलता है।

5. संस्थाओं का कारोबार करने में ज्यादा रुचि लेता है।
6. व्यक्तिगत और छोटे निवेशकों की ओर कम ध्यान देता है।

निवेशक और दलाल दोनों एक दूसरे के पूरक हैं। दोनों का उद्देश्य लाभ कमाना है। दोनों में सहमति होना आवश्यक है। अतः आवश्यक हो जाता है कि निवेशक की इच्छा के अनुसार दलाल का चयन किया जाए। यदि अन्य बातें समान हों, तो निम्नलिखित विशेषताओं वाले दलाल का चयन किया जाना चाहिए।

- स्थानीय और पंजीकृत दलाल
- जो आपके आदेशों का अक्षरशः पालन करे।
- हर समय सम्पर्क के लिए उपलब्ध हो।
- बार-बार क्रय-विक्रय के लिए न उकसाए।
- सट्टे की ओर प्रेरित न करे।
- अपने अनुभव और खोज से निवेशक को भी लाभान्वित कराए।
- आपके साथ बराबर का और सम्मान वाला व्यवहार करे।
- सौदों का लिखित हिसाब भेजे।
- शेयर बाजार में आपके हितों की रक्षा करे।

आवश्यक नहीं है कि आपने एक बार दलाल का चुनाव कर लिया है तो उसमें परिवर्तन नहीं कर सकते। दलाली और दलाल द्वारा दी जा रही सेवाओं की तुलना करते रहिए। यदि आपको दलाल के क्रियाकलापों पर जरा सा भी संदेह हो तो तुरन्त दूसरे दलाल का चयन कर सकते हैं।

3. शेयर (Share)

किसी कम्पनी की सम्पूर्ण पूंजी को जब छोटे-छोटे हिस्सों में विभाजित कर दिया जाता है, तो विभाजित हिस्सों में से प्रत्येक हिस्से को शेयर कहा जाता है और इस हिस्से को अपने पास रखने वाले व्यक्ति को शेयर होल्डर कहा जाता है। इस हिस्से (शेयर) के अनुपात में शेयर धारक का कम्पनी के स्वामित्व में हिस्सा होता है। और प्रतिफल के रूप में कम्पनी के लाभों में एक हिस्सा मिलता है, जिसे डिवीडेन्ड कहा जाता है। शेयर चल सम्पत्ति होते हैं। अतः इनका क्रय-विक्रय भी बाज़ार मूल्य पर उसी प्रकार किया जाता है जिस प्रकार से अन्य वस्तुओं या सेवाओं का किया जाता है।

शेयर की कुछ विशेषताएं

- काग़ज़ का टुकड़ा है।
- कम्पनी की पूंजी का बहुत छोटा-सा हिस्सा है।
- लालच की गाड़ी का टिकट है।
- बहुतों से दोस्ती करता है और बहुतों को बेवकूफ बनाता है।
- जब प्रसन्न होता है तो कुबेर बनाता है, जब नाराज होता है तो सुदामा बना देता है।
- बिना शोर मचाए नहीं बिकता है।
- जब तक रहेगा दिवाना बनाए रखेगा।

चूंकि बाजार के नियमों और मनोविज्ञान के अनुसार अच्छी सम्पत्ति ऊंचे मूल्य पर और निकृष्ट सम्पत्ति सबसे कम मूल्य पर बिकती है और इसी अनुपात में लाभ-हानि होती है। अतः यह आवश्यक हो जाता है कि अच्छे शेयर खरीदे जाएं, ताकि लाभ कमाया जा सके और क्रय-विक्रय में सुविधा रहे।

शेयर विशेषज्ञों की राय है कि यदि अच्छा लाभ कमाना है तो शेयर को लम्बे समय तक अपने पास रखना चाहिए और यदि शेयर को लम्बे समय तक अपने पास रखना है, तो ग्रोथ शेयर ही क्रय किया जाना चाहिए। प्रश्न यह आता है कि ग्रोथ शेयर की पहचान कैसे की जाए।

चूंकि बिना कम्पनी के शेयर का अपना कोई अस्तित्व नहीं होता है। अतः ग्रोथ शेयर का आशय उन कम्पनियों के शेयरों से है, जो ग्रोथ कम्पनियां हैं। विभिन्न गणनाओं और शेयर विशेषज्ञों के अनुभवों के आधार पर पाया गया है कि ग्रोथ कम्पनियों में निम्नलिखित विशेषताएं होती हैं—

1. बिक्री की मात्रा और बेची गई वस्तुओं की संख्या में लगातार वृद्धि होती है।
2. बिक्री पर उच्च दर से लाभ कमाया जाता है और इस दर में लगातार वृद्धि होती रहती है।
3. कम्पनी के विकास के लिए पूंजीगत साधनों की व्यवस्था आन्तरिक स्रोतों से होती है।
4. कम ऋण-समता के अनुपात के साथ वित्तीय दृष्टि से मजबूत होती हैं।
5. प्रति शेयर अर्निंग की दर अधिक होती है।
6. वित्तीय संस्थाओं के पास कम शेयर होते हैं और उनका हस्तक्षेप भी कम होता है।

उपर्युक्त सूचनाएं कम्पनी के वार्षिक लेखों से प्राप्त हो जाती हैं।

4. कम्पनी (Company)

शेयर बाजार में सामान्यतः कम्पनियों द्वारा जारी की गई प्रतिभूतियों (शेयर, डिबेंचर आदि) का ही क्रय-विक्रय होता है। कम्पनी की कारगुजारियों से इन प्रतिभूतियों का अल्य प्रभावित होता है। अतः किसी अच्छी कम्पनी का चयन करके ही उसके शेयरों का सौदा करना चाहिए। वैसे तो शेयर बाज़ार स्वयं में इतना अनिश्चित है कि किस प्रतिभूति का मूल्य अचानक क्या हो जाएगा? कुछ नहीं कहा जा सकता है। लेकिन फिर भी जो शेयर लम्बे समय के लिए खरीदे जाते हैं। उन पर कम्पनी के क्रियाकलापों का पूरा प्रभाव पड़ता है। अतः शेयर का चयन करने के साथ कम्पनी का चयन आवश्यक हो जाता है।

कम्पनी वास्तव में :-

- अदृश्य और कृत्रिम व्यक्ति है।
- जीवन बहुत लम्बा होता है।
- अपनी पूंजी के टुकड़े-टुकड़े करके बेचती है।
- पूंजी के टुकड़े का धारक कम्पनी का स्वामी होता है।
- स्वामी से अलग रहती है।
- विधान द्वारा जन्म और मृत्यु दोनों है।
- अपने कार्य स्वयं करती है।
- उद्देश्य और कार्य निश्चित होते हैं।
- मोहर लगाकर हस्ताक्षर करती है।
- प्रबन्ध व्यवस्था प्रजातान्त्रिक है।
- नागरिक नहीं होती है।

अच्छी कम्पनी की पहचान

शेयर खरीदने की दृष्टि से निम्नलिखित विशेषताएं रखने वाली कम्पनियां अच्छी मानी जाती हैं—

1. ख्याति प्राप्त, मजबूत आधार वाली और कम्पटीशन रहित कम्पनियां।
2. जिन कम्पनियों में ऋण की मात्रा न्यूनतम हो।
3. जिन कम्पनियों की अर्निंग ग्रोथ औसतन 20 प्रतिशत से अधिक हो।
4. फेरा कम्पनियां।
5. उच्चस्तर की प्रबन्ध व्यवस्था वाली कम्पनियां

चूंकि शेयरों का क्रय-विक्रय चलता ही रहता है और दूसरी ओर कम्पनियों के क्रियकलापों में भी परिवर्तन होते ही रहते हैं। अतः इस ओर से अधिक चिन्तित होने की आवश्यकता नहीं है। जिस समय शेयर क्रय किया जा रहा है, उस समय कम्पनी की अर्निंग, प्रबन्ध व्यवस्था तथा भविष्य की सम्भावनाओं का अध्ययन कीजिए। यदि कम्पनी का भविष्य अच्छा और मजबूत दिखाई दे रहा है, तो उसके शेयर खरीदिए। भविष्य में जैसे ही कम्पनी में कोई लाइलाज समस्या आ जाए या भविष्य गिरावट वाला दिखे, तुरन्त उस कम्पनी के शेयर बेचे जा सकते हैं।

5. विनियोग के विकल्प

पूंजी विनियोजन एवं उससे आय कमाने के लिए अनेक विकल्प उपलब्ध हैं। यदि निवेशक ने शेयरों में विनियोग का एकतरफा निर्णय ले लिया है तो उसे केवल शेयरों के क्षेत्र में ही इस बात का निर्णय लेना होगा कि किस कम्पनी के, किस प्रकार के शेयर खरीदने हैं या उनमें व्यापार करना है। लेकिन यदि अभी विनियोग के विकल्प का चयन करना है, तो कई दृष्टिकोणों से विकल्पों का मूल्यांकन करना होगा, जैसे–

पहले सुरक्षा

विनियोग का मूलभूत नियम है कि सबसे पहले पूंजी की रक्षा की जानी चाहिए। अतः दूसरों के हाथ में पूंजी देने से पहले एकबार और सोच लें। निवेशक का पहला कार्य है कि वह उसी साधन में पूंजी का विनियोग करे जिसमें पूंजी के डूबने का भय न हो। इस दृष्टिकोण से तो पूंजी तिजोरी

में रखने में सबसे अधिक सुरक्षा है। लेकिन उससे विनियोग का उद्देश्य पूर्ण नहीं होता है। अतः पूंजी की सुरक्षा की दृष्टि से बैंक डिपाजिट, पोस्ट ऑफिस डिपाजिट कम्पनियों के पूर्वाधिकारी शेयर, डिबेंचर आदि उत्तम विकल्प हो सकते हैं।

फिर आय

विनियोग का दूसरा उद्देश्य आय कमाना भी होता है, क्योंकि विनियोग का अर्थ ही है कि वर्तमान उपभोग का त्याग करके पूंजी को भविष्य के लिए लगाया जा रहा है। इस त्याग के बदले आय तो चाहिए ही। इस दृष्टिकोण से नियमित आय कमाने के लिए डिपॉजिट की योजनाएं एवं डिबेंचर ही उत्तम विकल्प सिद्ध होते हैं।

फिर तरलता

यदि आवश्यकता के समय धन उपलब्ध न हो सके, तो उसका मूल्य कम हो जाता है। अतः विनियोग से मूल धन की इच्छित वापसी भी आवश्यक है। इसका आशय यह है कि आवश्यकता के समय विनियोग को नकदी में परिवर्तित किया जा सके, ताकि उसका और अधिक मूल्यवान उपयोग किया जा सके। तरलता की दृष्टि से विनियोग विकल्पों की स्थिति निम्नलिखित है–

तरलता	विनियोग के साधन
उच्चतम	नकदी, सोना, चांदी, बैंक में चालू खाते
उच्च	बैंकों में स्थाई जमा, शेयर बाजार में सूचीबद्ध एवं एक्टिव शेयर।
मध्यम	कम्पनियों में स्थाई जमा, डिबेंचर आदि।
निम्ततम	चिट फंड, साझेदारी संस्थाओं में डिपॉजिट, प्राइवेट प्लेसमेंट के शेयर, अनलिस्टेड शेयर, डिबेंचर आदि।

फिर पूंजी वृद्धि

विनियोग का एक उद्देश्य यह भी होता है कि मूलधन में वृद्धि होती रहे। सामान्य परिस्थितियों में देखा गया है कि यह उद्देश्य ग्रोथ या ब्लू चिप्स शेयरों से अधिक पूरा होता है। उदाहरण के लिए देखें कि जिस निवेशक ने वर्ष 1980-81 में कोलगेट पामोलिव के 100 शेयर बाजार से 125 रु. की दर से खरीदा था और अपने पोर्टफोलियो में सुरक्षित रखा। उसे वर्ष 1993 तक 13 वर्ष की अवधि में केवल बोनस शेयर के रूप में ही 2460 शेयर मिल गए। जिनका मूल्य बाजार भाव से वर्ष 1993 में ही लगभग 11 लाख रु. था जबकि मूल विनियोग केवल 12,500 रु. का था। 13 वर्ष की अवधि में मूलधन में लगभग 90 गुना वृद्धि विनियोग के किसी विकल्प में उपलब्ध नहीं है।

जोखिम और क्षमता

विनियोग के सभी विकल्पों में जो जोखिम का तत्व मौजूद है, यह निवेशक की क्षमता पर निर्भर करता है कि वह आयु, पारिवारिक दायित्व, आय आदि के आधार पर कितनी जोखिम उठा सकता है। जोखिम और लाभ का सीधा सम्बन्ध है अधिक जोखिम, अधिक लाभ।

इस बात को निम्नलिखित रेखाचित्र से समझा जा सकता है

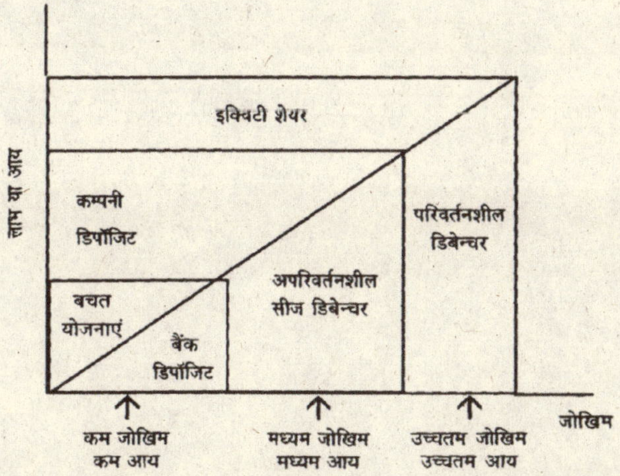

अतः विनियोग के साधन का चयन करते समय जोखिम, तरलता, आय, पूंजी वृद्धि आदि के सम्बन्ध में अपने स्वभाव में निम्नलिखित बातें शामिल करें—

1. स्वभाव में शालीनता।
2. सन्तुलित दृष्टिकोण।
3. खुला मस्तिष्क।
4. आंकड़ों पर आधारित निर्णय आदि।

अन्ततः बड़ा लाभ होगा और आपकी जीत होगी।

7

शेयर कारोबार से घर को खुशहाल कैसे बनाएं

सामान्यतः देखा गया है कि जो नौकरीपेशा या मध्यमवर्गीय व्यक्ति शेयरों में धन विनियोजित करते हैं या छोटा-मोटा कारोबार करते हैं, वे इस व्यवसाय के पीछे इतने दीवाने हो जाते हैं कि उन्हें घर-परिवार का बिल्कुल ध्यान नहीं रहता है। इसका परिणाम यह होता है कि घर का वातावरण तनावमय हो जाता है। कुछ परिवारों में तो दुखदपूर्ण कलह हो जाती है। यह उचित नहीं है। शेयर का कारोबार एक ऐसा व्यवसाय तो है कि जो इस व्यवसाय में एक बार आ जाता है, उसे एक प्रकार का नशा-सा हो जाता है। उठते-बैठते उसे शेयर सम्बन्धी बातों का ही ध्यान रहता है। शेयर के कारोबार में ध्यान लगना तो अच्छी बात है, लेकिन उसकी पीछे दीवाने हो जाना या महत्वपूर्ण कार्य भूल जाना उचित नहीं है। यदि आप घर के मुखिया हैं, तो शेयर कारोबार के साथ घर का वातावरण भी अच्छा बनाए रखना आपका ही कर्तव्य है। और यदि आप घर के मुखिया नहीं हैं, तो भी परिवार में मधुर वातावरण रहना चाहिए। यहां पर कुछ उन बातों का वर्णन किया जा रहा है, जिन्हें अपनाकर घर का वातावरण भी सुखमय बनाया जा सकता है।

किसको सहभागी बनाएं

शेयरों के क्रय-विक्रय आदि का निर्णय स्वयं लीजिए, लेकिन परिवार के किसी सदस्य को भी इसमें सहभागी बनाएं। यदि पत्नी पढ़ी-लिखी है तो

और अच्छी बात है। उसे भी इस प्रकार से निर्देशित कीजिए कि वह भी शेयरों के सम्बन्ध में मोटी-मोटी बातें जान जाए। यदि परिवार के किसी अन्य सदस्य के पास समय खाली है, तो उसे भी सहभागी बना सकते हैं। यदि परिवार का कोई सदस्य आपके साथ सहभागी है, तो उससे आपको कई लाभ होंगे, जैसे–

1. किसी सौदे के सम्बन्ध में घरेलू समय (सुबह, शाम या रात) में भी आपस में विचार-विमर्श कर सकते हैं और परिवार के सदस्य भी इसमें अपनी राय दे सकते हैं।
2. आप अपने मुख्य व्यवसाय या नौकरी में पूरा ध्यान लगा सकते हैं और आपका पारिवारिक सहभागी शेयर सम्बन्धी छोटे-मोटे कार्य करता रहेगा, जैसे–आवेदन पत्र लाना, बैंक में जमा करना, रिफंड बाउचर, डिवीडेंड बाउचर जमा कराना आदि।
3. घर में यदि शेयर सम्बन्धी कोई महत्वपूर्ण पत्र, सूचना, दलाल का टेलीफोन आदि आपकी अनुपस्थिति में आ जाता है, तो परिवार के सदस्य उसे सुरक्षित रखेंगे।
4. परिवार के सदस्य भी खाली समय में शेयर सम्बन्धी पत्र-पत्रिकाएं पढ़कर मुख्य-मुख्य बातें एकत्र करते रहेंगे, जो निर्णय लेने में सहायक होंगी।
5. यदि किसी कारणवश शेयर कारोबार में कुछ घाटा हो जाता है, तो परिवार में कलह या दुख का वातावरण नहीं होगा, क्योंकि परिवार के सदस्य भी इसमें सहभागी हैं।
6. आप एकदम तनावमुक्त रह सकते हैं।

यदि आपने परिवार के किसी सदस्य को इसमें सहभागी नहीं बनाया तो आप अकेले ही इस तनाव को झेलते रहेंगे। परिवार के सदस्य आपसे खिंचे-खिंचे रहेंगे। आपके महत्वपर्ण काग़ज़ों की कोई कद्र नहीं करेगा। इधर-उधर उठाकर फेंक देंगे। हर समय आपको और आपके शेयरों को

कोसते रहेंगे। छोटे-मोटे कामों के लिए भी आपको अपने मुख्य व्यवसाय या नौकरी से अवकाश लेना पड़ेगा। यदि कहीं कुछ नुकसान हो गया, तो घर में जो महाभारत रहेगा, वह अलग झेलना पड़ेगा।

कौन-सा धन निवेशित करें

यह प्रश्न भी महत्वपूर्ण है कि कौन-सा धन शेयर कारोबार में निवेशित किया जाए? इस सम्बन्ध में निम्नलिखित बातें ध्यान में रखनी होंगी:

1. केवल बचत का धन शेयरों में निवेशित करना उचित रहता है।
2. वर्तमान में कुछ बैंक, शेयरों के विरुद्ध ऋण दे रहे हैं। आप भी इस सुविधा का लाभ उठा सकते हैं, लेकिन इस कार्य को सीमित मात्रा में करें।
3. अन्य सम्पत्तियों के विरुद्ध ऋण लेकर शेयर कारोबार न करें।
4. जिस धन का लम्बे समय में उपयोग करना हो, उसे भी आप इस व्यवसाय में लगा सकते हैं, क्योंकि कम ब्याज पर बैंकों या डाकघरों में धन जमा रखना भी अच्छा नहीं है। यदि बुद्धिमत्ता पूर्ण निर्णय लेकर शेयरों में धन निवेशित किया जाए, तो धन तेजी से बढ़ता है।
5. परिवार के अन्य व्यक्तियों की छोटी-छोटी बचतें, जो बेकार पड़ी रहती हैं, उनकी सहमति से शेयरों में निवेशित कर सकते हैं।
6 नौकरी-पेशा व्यक्ति अपने फंड से धन निकाल कर या अग्रिम लेकर इस व्यवसाय में धन न लगाएं, क्योंकि यह धनराशि संकट के समय के लिए होती है।

अपना व्यवहार कैसा रखें

कुछ लोग कारोबार में अपने आपको इतना डुबो लेते हैं कि उन्हें अपने के अतिरिक्त और कुछ दिखाई नहीं देता है। यह स्थिति अच्छी नहीं है। अतः शेयर कारोबार करने के साथ-साथ आपको अपने व्यवहार को भी नियमित रखना चाहिए। इस सम्बन्ध में निम्नलिखित बातें महत्वपूर्ण हैं–

1. यदि शेयर कारोबार आपका मुख्य व्यवसाय नहीं है, तो केवल खाली समय का ही सदुपयोग इस व्यवसाय के लिए कीजिए।
2. प्रत्येक इश्यू या प्रत्येक सौदे के पीछे न भागिए। कुछ महत्वपूर्ण सौदों में ही समय लगाइए।
3. परिवार के सदस्यों को उनकी आवश्यकता के अनुसार समय दीजिए। जैसे बच्चों से उनकी पढ़ाई, उनके स्कूल, स्वास्थ्य आदि के सम्बन्ध में पूछना न भूलिए। पत्नी और माता-पिता के स्वास्थ्य के सम्बन्ध में भी जानकारी रखिए और कुछ घरेलू कार्यों में भी सहयोग दीजिए।
4. त्योहार, उत्सव आदि परिवार के साथ मनाइए। शेयरों या शेयर कारोबारियों के साथ नहीं।
5. शेयर कारोबार में हुए लाभ या हानि को एक ही मन से लीजिए। अर्थात् यदि हानि भी हो गई है, तो विचलित होने की आवश्यकता नहीं है। इस हानि-लाभ से परिवार को भी सूचित रखिए।
6. यदि आपका मुख्य व्यवसाय शेयर नहीं है, तो इस कारोबार की छाया अपनी नौकरी या मुख्य व्यवसाय में न पड़ने दीजिए। इस कारोबार को नौकरी से अलग रखिए और नौकरी को पूरा समय दीजिए।
7. बीच-बीच में कुछ समय के लिए शेयर कारोबार से अपने को अलग भी कीजिए।
8. यदि आप नौकरी पेशा व्यक्ति हैं, तो शेयर कारोबार पत्नी या परिवार के किसी सदस्य के नाम से कीजिए। इससे एक ओर पत्नी या परिवार के सदस्य भी अपने को गौरवन्वित समझेंगे और दूसरी ओर आप भी सन्तुष्ट रहेंगे और करों में भी बचत हो सकती है।
9. शेयर के सभी सौदों का साफ-सुथरा हिसाब रखें और नियमानुसार आयकर आदि का भुगतान भी कीजिए।

लाभ का सदुपयोग कैसे करें

शेयर कारोबार से कुछ लोगों को भारी लाभ होता है। अतः इस लाभ की

राशि का सदुपयोग भी आवश्यक है। इस सम्बन्ध में निम्नलिखित बातें महत्वपूर्ण हैं–

1. लाभ का कुछ हिस्सा पुनः शेयरों में विनियोजित कर सकते हैं। लेकिन कुछ हिस्सा अवश्य बचाएं।
2. बचे हुए हिस्से को परिवार की खुशहाली में व्यय करें। जैसे परिवार के सदस्यों के अच्छे कपड़े, गहने आदि।
3. यदि लाभ अधिक हो रहे हैं, तो कुछ स्थाई सम्पत्तियों में विनियोजित करें, जैसे मकान, वाहन आदि।
4. इस कारोबार के लाभ से यदि परिवार के किसी बेरोजगार सदस्य के स्थाई रोजगार की व्यवस्था करें, तो अति उत्तम स्थिति होगी।

इस प्रकार स्पष्ट है कि अपने मूल व्यवसाय या नौकरी पेशा के साथ-साथ यदि शेयर कारोबार भी किया जाता है, तो उपर्युक्त बिन्दुओं पर ध्यान देकर घर के वातावरण को सुखमय बनाया जा सकता है और स्वयं को भी घरेलू कलह, विवादों और तनाव से मुक्त रखा जा सकता है।

8
कैसे-कैसे लोग

इस संसार में बहुत लोग हैं, जो लीक से हटकर अनोखे कार्य करते हैं। अनिश्चित शेयर बाजार में कुछ लोग अनोखी क्रियाएं करते हैं और आश्चर्य तब होता है, जब इन लोगों को अपनी कार्यप्रणाली से कोई शिकायत नहीं होती है। शान के साथ शेयरों के सौदे कर रहे हैं और लाभ कमा रहे हैं और सन्तुष्ट हैं, जबकि क्रियाएं ऐसी कि एक साधारण निवेशक तौबा कर ले। ऐसे लोगों की कुछ कारगुजारियां निम्नलिखित हैं–

निशाना लगाते हैं

राजदेव उन लोगों में हैं, जो यह कहते हैं कि शेयर बाजार में विनियोग की कोई एक नीति सफल नहीं हो सकती है। यहां तो अंधे के हाथ बटेर लग जाता है और तीरन्दाज अपने तीर से भी हाथ धो बैठता है। श्री राजदेव की एक ही नीति है कि वे प्रतिमाह की तीन तारीख को अच्छी कम्पनियों के 20 शेयरों का नाम लिखकर दीवाल में चार्ट को लगा देते हैं। फिर दूर बैठकर आंख बन्द करके निशाना लगाते हैं। जिन शेयरों में निशाना सही लग गया, उन शेयरों को वे खरीद लेते हैं और वे शेयर यदि उनके पोर्टफोलियो में पहले ही से ही हैं तो उन्हें अगले माह तक रोक लेते हैं। जिन शेयरों में निशाना नहीं लगता है उन्हें वे तुरन्त बेच देते हैं। भले ही वे शेयर उनके कितने ही प्रिय क्यों न हों। इस क्रिया को वे प्रतिमाह

दोहराते हैं। पिछले कई वर्षों से उन्हें अभी तक यदि हानि हुई है तो 10 प्रतिशत से अधिक नहीं हुई। लेकिन 95 प्रतिशत मामलों में उन्हें सफलता मिली है।

टापर को गले लगाते हैं

डॉ. प्रमोद कुमार हमेशा टापर को गले लगाते हैं। स्वयं भी तो अपनी विश्वविद्यालय की शिक्षा में हमेशा टापर रहे हैं। डॉ. प्रमोद का मानना है कि अन्य क्षेत्रों की भांति शेयर जगत में भी सर्वश्रेष्ठ परिणाम देने वाली कम्पनियां निवेशक को निराश नहीं करती हैं। डॉ. प्रमोद अपने पोर्टफोलियो में 10 शेयर रखते हैं। प्रतिवर्ष कम्पनियां के वार्षिक परिणाम घोषित होने पर उच्चतम अर्निंग वाली 10 कम्पनियों का चुनाव करके उनके शेयर खरीदते हैं। अगले वर्ष इन 10 कम्पनियों में से जो कम्पनी अर्निंग में अपना 10 तक स्थान नहीं रख पाती है, उन कम्पनियों के शेयर बेच देते हैं। और उन कम्पनियों के शेयर अपने पोर्टफोलियों में शामिल कर लेते हैं, जो अपनी श्रेष्ठता बढ़ाकर प्रथम 10 कम्पनियों की श्रेणी में आ गई हैं डॉ. प्रमोद का कहना है कि वे जिन शेयरों को बेचते हैं, ऐसा नहीं है कि वे घाटे में बिके। लेकिन चूंकि वे अपनी श्रेष्ठता नहीं बनाए रख सके हैं। अतः मैं उन्हें संदेह की दृष्टि से देखता हूं। डॉ. प्रमोद को शेयर बाजार से कोई शिकायत नहीं है। वे कहते हैं कि शेयर बाजार अपना काम करता है। मैं अपना काम करता हूं। जो जीता वही सिकन्दर।

चवन्नी पर भरोसा है

अमरनाथ कपड़े के व्यापारी हैं। अपने व्यापार से बहुत खुश। लेकिन शेयरों में भी रुचि रखते हैं। उनकी नीति है कि 'कम खाओ, गम खाओ'। वे शेयरों से लेते हैं तो 25% और खोते हैं तो 25%। इससे अधिक न

वे चाहते हैं और न उनका सिद्धान्त उन्हें अनुमति देता है। श्री नाथ अपने पोर्टफोलियो में केवल 5 ग्रोथ शेयर रखते हैं। खरीदने के बाद शेयरों के मूल्यों में नज़र रखते हैं। जैसे ही उनके किसी शेयर के मूल्य में 25% की वृद्धि हुई, वे तुरन्त उस शेयर को बेच देते हैं। यदि किसी शेयर के मूल्य में 25% की गिरावट आती है तो उस शेयर को भी तुरन्त बेच देते हैं। अमरनाथ का कहना है कि उन्हें शेयर खरीदते समय उनका चुनाव करने में थोड़ी मेहनत तो करनी पड़ती है, लेकिन बिक्री में उनकी चवन्नी नीति देर नहीं लगने देती। वे शेयर व्यवसाय को अपनी हाबी मानते हैं। अपने कपड़े के व्यापार में इन शेयरों की छाया नहीं पड़ने देते।

कम्पनी बेचते हैं

आर. पटेल शेयर खरीदते समय कम्पनी बेचने में विश्वास रखते हैं। किसी कम्पनी के वार्षिक परिणाम घोषित होने पर बैलेंस सीट लेकर बैठ जाते हैं। काल्पनिक रूप से काग़ज़ों में कम्पनी की सम्पत्तियां बेच कर जो धनराशि वसूल होती है, उसमें कम्पनी के सभी प्रकार के दायित्व घटा देते हैं। यहां तक कि कुछ काल्पनिक दायित्व भी घटा देते हैं। शेष बचे शुद्ध मूल्य में से शेयरों की संख्या का भाग देकर प्रति शेयर मूल्य ज्ञात कर लेते हैं। शेयर के वर्तमान बाजार मूल्य में 33% का सिद्धान्त अपनाते हैं। अर्थात् यदि कोई शेयर अपने कम्पनी मूल्य के 67% मूल्य तक बिक रहा है, तो उस शेय़र को खरीद लेते हैं। यदि पटेल के पोर्टफोलियो के किसी शेयर के मूल्य में 33% लाभ हो रहा है, तो उसे बेच देते हैं। यदि शेयर के मूल्य में 33% से अधिक हानि हो रही है, तो उस शेयर को बेच देते हैं। पटेल अपने पोर्टफोलियो में केवल 5 शेयर रखते हैं और वार्षिक आधार पर पोर्टफोलियो की समीक्षा करते हैं। उन्हें कम्पनी बेचने में मजा आता है।

क्लब में फैसला करती हैं

श्रीमती कमला सिंह पेशे से डॉक्टर हैं। अपनी कालोनी की 10 महिलाओं का क्लब बना रखा है। श्रीमती सिंह क्लब की अध्यक्षा हैं। उनके क्लब के प्रत्येक सदस्य की मासिक बैठक में 10,000 रु. तक का कोई एक शेयर खरीदने और एक शेयर बेचने का अधिकार प्राप्त है। सम्बन्धित सदस्य को कम्पनी के सम्बन्ध में भाषण देना होता है। शेयर की बिक्री से जो लाभ या हानि होती है, उसका 60% हिस्सा क्लब सहन करता है और 40% हिस्सा सदस्य के हिस्से में आता है। यदि किसी शेयर के सम्बन्ध में सदस्यों में कोई विवाद होता है तो अध्यक्ष एकतरफा फैसला करती है। उनका निर्णय सभी को मान्य होता है।

श्रीमती कमला सिंह का कहना है कि उनके क्लब के फंड में कोई कमी नहीं आई है। वे पिछले 10 वर्षों से इस क्लब को चला रही हैं। इस क्रिया से महिलाओं में भी आत्मविश्वास आता है। वे पूरे माह विभिन्न कम्पनियों के सम्बन्ध में सूचनाएं एकत्र करती रहती हैं और 40% लाभ के लालच में मेहनत करती हैं।

अखबार का पहला पन्ना !

वी. के. मल्होत्रा सरकारी कर्मचारी हैं। वे इकॉनामिक टाइम्स पढ़ते हैं। उन्हें इस अखबार में बहुत भरोसा है। मल्होत्रा इस अखबार का पहला पन्ना पढ़तें हैं और इस पृष्ठ पर जिन कम्पनियों की चर्चा होती है, उन कम्पनियों की कमियां और मजबूती के सिग्नल ढूंढ़ते हैं और इसी के आधार पर शेयर खरीदने और बेचने का निर्णय लेते हैं। मल्होत्रा के पोर्टफोलियो में 10 शेयर रहते हैं। वे अपने पोर्टफोलियो को 1,00,000 रूपए तक ही सीमित रखते हैं। इससे अधिक राशि हो जाने पर वे अतिरिक्त राशि को परिवार की खुशहाली पर व्यय करते हैं।

मल्होत्रा का मानना है कि इस महत्वपूर्ण अखबार में महत्वपूर्ण कम्पनियों की महत्वपूर्ण सूचनाओं को ही स्थान मिलता है और इन सूचनाओं में महत्वपूर्ण संकेत होते हैं। मैं इन संकेतों को ही पकड़ता हूं। मुझे शेयर बाजार से कोई शिकायत नहीं है।

कौवा बोलता है !

राम जाजू को काला कौवा बहुत पसन्द है। वे इस पक्षी को बहुत शुभ मानते हैं। जिस दिन पहला कौवा उनके घर पर आकर तीन बार बोलता है उस दिन वे अखबार देखकर न्यूनतम मूल्य वाले शेयरों में से 5,000 रुपए के शेयर खरीदने का आर्डर देते हैं। जिस दिन पहला कौवा केवल दो बार या एक बार बोलता है, उस दिन अपने शेयरों में से सबसे कम लाभदायक शेयर बेचने का आर्डर देते हैं।

जाजू को कौवे का इंतजार रहता है। उनका कहना है कि इस पक्षी को सभी बुरा कहते हैं, लेकिन मुझे कभी निराशा नहीं किया।

टी.वी. देखते हैं

मो. अफजल दूरदर्शन के शौकीन हैं। वे शेयर कारोबार के लिए टी.वी. का उपयोग करते हैं। अफजल रविवार को टी.वी. में विज्ञापन देखते हैं। उन्हें जिस कम्पनी और उसके प्रोडक्ट का विज्ञापन अधिक अच्छा लगता है, वे सोमवार को उस कम्पनी का शेयर खरीद लेते हैं। शेयर बेचने के लिए अफजल इस नीति का उपयोग नहीं करते। अफजल का मानना है कि अच्छे विज्ञापन से कम्पनी के प्रोडक्ट की बिक्री और कम्पनी की गुडविल में काफी वृद्धि होती है जिससे कम्पनी के लाभों में दिनोंदिन बढ़ोतरी होती है। अफजल उन विज्ञापनों पर अधिक ज़ोर देते हैं जो अभी नए-नए शुरू हुए हैं।

9

सेंसेक्स को जानें और जीतें

आज चारों ओर सेंसेक्स का शोर है, जोर है, हवा है और हर एक की जुबान पर है। अर्थजगत की चर्चा हो और सेंसेक्स का नाम न आए, सेंसेक्स की बहस न हो, ऐसा सम्भव नहीं है। अख़बार-पत्रिकाएं, टी.वी. चैनल, जहां देखो, जहां सुनो, यही सुनाई देगा कि "सेंसेक्स" इतने अंक से धड़ाम, सेंसेक्स में भारी उछाल, सेंसेक्स 20,000 के पार, सेंसेक्स गिरा आदि। अगर अर्थ जगत से सम्बन्ध रखना है, तो शेयर कारोबार को जानना ही होगा कि आखिकार यह सेंसेक्स क्या बला है!

सेंसेक्स को जानें

साधारण शब्दों में शेयर बाज़ार की दशा और दिशा को संकेत देने वाले सूत्र को शेयर बाज़ार का सूचकांक (Index) कहा जाता है। इसे शेयर बाज़ार की स्थिति नापने वाला थर्मामीटर या बैरोमीटर भी कहा जाता है। देश के किस शेयर बाज़ार में शेयरों की मांग कम है या अधिक है, इसकी जांच या जानकारी शेयर इन्डेक्स देखकर ही की जाती है। गत दिवसों की तुलना में इन्डेक्स ज्यादा होने का अर्थ है कि बाज़ार उछाल की ओर है और भाव बढ़ रहे हैं। इस स्थिति में शेयरों की मांग भी बढ़ जाती है। इन्डेक्स कम होना बाज़ार की कमजोरी का सूचक है और शेयरों की मांग घट जाती है। इन्डेक्स अपने आप बाज़ार के क्रियाकलापों से प्रभावित होता है।

शेयर बाज़ार बहुत ही चंचल है। देश एवं विदेश में घटने वाली छोटी-छोटी घटनाओं से इन्डेक्स प्रभावित होता है। अपनी इस संवेदनशीलता के कारण ही इन्डेक्स का नाम सेंसेक्स हुआ। सेंसेक्स का पूरा नाम सेंसेटिव इन्डेक्स है।

- सेंसेक्स बम्बई स्टॉक एक्सचेन्ज का सूचकांक है।
- सेंसेक्स को वर्ष 1986 में लागू किया गया।
- सेंसेक्स का आधार वर्ष 1978-79 है।
- आधार वर्ष का अर्थ है कि यदि किसी शेयर का बाज़ार मूल्य 1 अप्रैल 1979 को 100 रुपया था, तो उसकी तुलना में उस शेयर का बाज़ार भाव आज क्या है?
- सेंसेक्स में देश की जानी मानी अच्छी श्रेणी की 30 कम्पनियों के शेयर शामिल हैं।
- सेंसेक्स में कम्पनियों को शामिल करने के लिए कम्पनियों का चुनाव इन्डेक्स समिति करती है।
- इन्डेक्स समिति में अर्थशास्त्री, शिक्षाशास्त्री, पत्रकार और वित्तीय क्षेत्र के विशेषज्ञ शामिल होते हैं।
- सेंसेक्स में शामिल होने वाली कम्पनियों के लिए कुछ मापदंड निर्धारित हैं, जैसे–
  - सम्बन्धित कंपनी पिछले एक वर्ष से बम्बई स्टॉक एक्सचेन्ज में सूचीबद्ध होनी चाहिए।
  - कंपनी अपने कार्यक्षेत्र में अग्रणी और जानी-मानी हो।
  - पिछले एक वर्ष से प्रत्येक कार्यदिवस में शेयर बाज़ार में काम कर रही हो।
  - बम्बई स्टॉक एक्सचेन्ज की पहली 100 मार्केट कैप वाली कम्पनियों में से एक होनी चाहिए।

– कंपनी की कुल मार्केट कैप शेयर बाज़ार के कुल मार्केट कैप से 0. 0.5% से अधिक हो।

- सेंसेक्स में शामिल 30 कम्पनियां 12 औद्योगिक क्षेत्रों से चुनी जाती हैं।
- सेंसेक्स से केवल बाज़ार की दिशा का ज्ञान होता है कि मार्केट बढ़ रही है या घट रही है।
- सेंसेक्स अति संवेदनशील है और आर्थिक, सामाजिक, राजनीतिक सभी प्रकार की घटनाओं से प्रभावित होता है।

सेंसेक्स की गणना कैसे की जाती है ?

सेंसेक्स की गणना करने के लिए "फ्री फ्लोर मार्केट कैपिटलाइजेशन विधि" का प्रयोग किया जाता है। इस गणना में बाज़ार में पंजीकृत सबसे बड़ी और जानी-मानी 30 कम्पनियों के शेयरों को शामिल किया जाता है। इन कम्पनियों का चुनाव इंडेक्स समिति द्वारा किया जाता है।

सबसे पहले संबंधित कंपनी द्वारा निर्गत शेयरों की संख्या से प्रति शेयर बाजार भाव का गुणा करके कंपनी का मार्केट कैप ज्ञात किया जाता है। इसके बाद इस मार्केट कैप में कंपनी के भारित फैक्टर (Weight Factor) का गुणा करके कुल मार्केट कैप ज्ञात किया जाता है। यह भारित फैक्टर शेयर बाजार द्वारा पूर्व निर्धारित होता है। फिर आधार वर्ष के मूल्यों के आधार पर सेंसेक्स की गणना की जाती है। चूंकि इसका आधार शेयर का बाजार भाव होता है अतः सेंसेक्स बाजार भाव से तुरंत प्रभावित होता है।

इसी प्रकार नेशनल स्टॉक एक्सचेंज के इंडेक्स को निफ्टी कहा जाता है। इसमें 20 औद्योगिक समूहों के 50 कम्पनियों के शेयर शामिल होते हैं। सेंसेक्स एवं निफ्टी में शामिल होने वाले शेयरों की सूची समयानुसार बदलती रहती है।

सेंसेक्स को जीतें

सेंसेक्स को कैसे जीते ? इसका मूल मन्त्र है–

"ALWAYS WIN MORE THAN YOUR EXPECTATION"

"जीतने वाले नियमों से नहीं बंधते वे अपने नियम बना लेते हैं।"

सेंसेक्स को जीतने का आशय शेयर बाज़ार को जीतने से है अर्थात् शेयर बाज़ार के माध्यम से लाभ कमाया जाए। इस लाभ के लिए हमें शेयर बाज़ार के साथ चलना होगा, उसकी दिशा और गति का अनुमान लगाना होगा और सही दिशा में अनोखा निराला और भीड़ से हटकर कार्य करना होगा।

क्या करें-

- शेयरों के सम्बन्ध में निर्णय को टाले नहीं। तत्काल निर्णय लें।
- निर्णय लेते समय अपने दिल की बात सुनें, परिणाम अच्छा होगा।
- जो सबसे अलग कर गुजरता है, वही कामयाब होता है।
- शेयर बाज़ार का मूलभूत स्वभाव है कि जो धैर्य रखता है, वही जीतता है।
- शेयर बाज़ार सिर्फ आपसे समझदारी से निवेश चाहता है।
- शेयर बाज़ार में नकद व्यवहार के स्थान पर हमेशा बैंकिंग व्यवहार करें।
- अपने ब्रोकर/डी.पी. आदि को स्पष्ट और सटीक निर्देश दें।
- सम्बन्धित कंपनी का "रिस्क डिस्क्लोजर डाक्यूमेन्ट" भी पढ़ें।
- शेयर बाज़ार अति संवेदनशील है, अतः चौकन्ने रहिए।
- अपना होमवर्क कीजिए। इसी पुस्तक के अध्याय-5 का गहनता से अध्ययन कीजिए।
- जब दूसरे बेचने में आमादा हों, तो खरीदें जब दूसरे खरीद रहे हों तब बेचें।
- एकला चलो।
- औघट घाट रहो।

- अपना खेल स्वयं खेलो।
- ग़लतियों से सीखो।
- लालच की सीमा तय करो।
- हर समय मेहनत करो भले ही उस समय कारोबार न करो।
- 'क्रेता सावधान' के सिद्धान्त का पालन करो।
- याद रखो, जमीन पर जोखिम है, तो आकाश में कामयाबी है।
- अच्छे शेयर लम्बे समय में बहुत लाभदायक होते हैं।

क्या न करें–

- झटपट मनी के चक्कर में न पड़ें।
- शेयर बाज़ार में रातोंरात लखपति नहीं बना जा सकता।
- सभी अंडे एक ही टोकरी में न रखो अर्थात् भिन्न-भिन्न उद्योग के शेयर खरीदो।
- भीड़ का हिस्सा न बनें।
- अफवाहों (जिन्हें टिप्स कहते हैं) के आधार पर कारोबार न करें।
- गारंटीशुदा रिटर्न के बहकावे में न आएं।
- अपने डीमेट खाते की रसीद बुक किसी को न दें।
- विज्ञापनों और मीडिया की खबरों पर आंख मूंदकर विश्वास न करें।
- प्राइमरी बाज़ार से बचें।
- इन्साडर न्यूज से दूर रहें।
- सट्टे वाले शेयरों में कारोबार न करें।
- अनुभव न हो तो डे ट्रेडिंग (Day Trading) से बचें।

शेयर बाजार को "समझ लिया तो पौ बारह।
नहीं तो डूबा सितारा।"

शेयर बाज़ार में कारोबार कैसे करें ?

वैसे तो देश में इस समय 23 शेयर मार्केट हैं, लेकिन शेयर कारोबार के लिए मुख्यतः दो ही शेयर बाज़ार विश्व विख्यात हैं–

1. बाम्बे स्टॉक एक्सचेन्ज (BSE)

2. नेशनल स्टॉक एक्सचेन्ज (NSE)

दोनों ही स्टॉक एक्सचेन्ज सम्पूर्ण कम्प्यूटराइज्ड ऑनलाइन स्टॉक एक्सचेन्ज हैं। बाम्बे स्टॉक एक्सचेन्ज तो एशिया महाद्वीप का सबसे बड़ा स्टॉक एक्सचेन्ज है। बाम्बे स्टॉक एक्सचेन्ज के शेयर इन्डेक्स को ही सेंसेक्स कहा जाता है।

दूसरी ओर नेशनल स्टॉक एक्सचेन्ज अभी लगभग 15 वर्ष पूर्व स्थापित हुआ है। फिर भी शेयर कारोबार में इस स्टॉक एक्सचेन्ज ने भी वैश्विक स्तर पर अपना स्थान बना लिया है। इसमें अपेक्षाकृत छोटी कम्पनियों के शेयर पंजीकृत हैं। इस शेयर बाज़ार के इन्डेक्स को "निफ्टी" नाम से जाना जाता है। इस इन्डेक्स में 50 कम्पनियां शामिल हैं। दोनों ही शेयर बाज़ारों का पूरा ट्रेडिंग सिस्टम कम्प्यूटराइज्ड है। अब पूरा ट्रेडिंग रिंग कम्प्यूटर के स्क्रीन पर आ गया है। देश या विदेश में कहीं भी बैठकर किसी भी कोने से ऑनलाइन कारोबार किया जा सकता है।

शेयर कारोबार के लिए क्या-क्या जरूरी है ?

शेयर बाज़ार के माध्यम से शेयर कारोबार करने के लिए निम्नलिखित की आवश्यकता होती है–

1. कंपनी का चुनाव
2. शेयर का चुनाव
3. ब्रोकर (दलाल) का चुनाव
4. डिपाजिटरी का चुनाव
5. डी० पी० का चुनाव
6. डीमेट खाता
7. पैन (PAN) की आवश्यकता

उपरोक्त में से कंपनी, शेयर और ब्रोकर के सम्बन्ध में इसी पुस्तक के अध्याय 6 में विस्तृत जानकारी दी जा चुकी है। शेष के सम्बन्ध में जानिए–

डिपाजिटरी (DIPOSITRORY)

चूंकि अब शेयर सर्टीफिकेट फिजिकल रूप में नहीं रखे जाते हैं और उन्हें इलेक्ट्रानिक रूप में परिवर्तित करके रखा जाता है। क्योंकि अब शेयरों के क्रय-विक्रय के समय शेयर सर्टीफिकेट की मूल कापी की आवश्कयता नहीं होती है। शेयरों को इलेक्ट्रानिक रूप में रखने का कार्य डिपाजिटरी द्वारा किया जाता है। भारतीय प्रतिभूति एवं विनिमय बोर्ड द्वारा किया जाता है। भारतीय प्रतिभूति एवं विनिमय बोर्ड (SEBI) द्वारा निम्नलिखित दो डिपाजिटरी को मान्यता दी गई है।

1. सेंट्रल डिपाजिटरी सर्विसेज (इंडिया) लि०। यह डिपाजिटरी बॉम्बे स्टॉक एक्सचेंज के लिए कार्य करती है।
2, नेशनल सिक्योरिटीज डिपाजिटरी लि०। यह डिपाजिटरी नेशनल स्टॉक एक्सचेंज के लिए कार्य करती है।

यह डिपाजिटरी डीमेट एकाउंट की देख-रेख करती हैं तथा शेयरों के स्वामित्व संबंधी अभिलेख रखती हैं। डिपाजिटरी की सेवाएं डिपाजिटरी पार्टीसिपेंट के माध्यम से प्राप्त होती हैं।

डिपाजिटरी पार्टीसिपेंट (DIPOSITRORY PARTICIPANTS)

डी० पी० कोई व्यक्ति या संस्था हो सकती है जो डी० पी० की सेवाएं देने के लिए सेबी के पास रजिस्टर्ड होती हैं। निवेशक या शेयर का कारोबार करने वाले व्यक्ति को डिपाजिटरी की सेवाएं प्राप्त करने के लिए डी० पी० के पास एक डीमेट एकाउन्ट खोलना होता है। डी० पी० का चुनाव करने के लिए निवेशक स्वतन्त्र है। डी० पी० का कार्य सामान्यतः ब्रोकर, वित्तीय संस्थाएं, बैंक या पेशेवर व्यक्ति करते हैं। डी० पी० अपनी सेवाओं के लिए ग्राहक से शुल्क लेते हैं। डिपाजिटरी सीधे कोई शुल्क नहीं लेता है।

डीमेट एकाउन्ट खोलना

डीमेट एकाउंट किसी बैंक में सेविंग या करेंट एकाउंट खोलने की भांति है। एक बैंक एकाउंट खोलने के जिन कागजातों की आवश्यकता होती है

उन्हीं कागजातों की आवश्यकता डीमेट एकाउंट खोलने के लिए होती है जैसे फोटो, निवास का प्रमाण-पत्र, पैन नंबर आदि। जिस प्रकार बैंक एकाउंट से शेयरों का क्रय-विक्रय होता है। शेयर पर क्रय करने पर डी.पी. आपके डीमेट एकाउंट में क्रय किए गए शेयर क्रेडिट करेगा और विक्रय की दशा में डेविट करेगा। डी.पी. डिपाजिटरी से संबद्ध होते हैं। डीमेट एकाउंट का पूरा विवरण एवं खाते की नकल समय-समय पर डिपाजिटरी द्वारा उपलब्ध कराई जाती है। डीमेट एकाउंट खोलने पर डी.पी. द्वारा डिलीवरी इंस्ट्रक्सन स्लिप उपलब्ध कराई जाती है जो चेक बुक की भांति होती है। इसी डिलीवरी इंसट्रक्शन स्लप के द्वारा ग्राहक अपने डी.पी. को डीमेट खाते के संचालन के आदेश देता है।

शेयरों को डीमेट कराना (DEMATERIALISATION)

शेयरों के क्रय-विक्रय में डिपाजिटरी की सेवाएं प्राप्त करने के लिए शेयरों का डिमैटिरियलाइजेशन करना आवश्यक है। इसके लिए अपने डी० पी० के माध्यम से एक डीमेट रिक्वेस्ट फार्म देना होता है तथा शेयर सर्टीफिकेट रद्द करके नत्थी करना होता है। डी० पी० इन शेयरों को डिपाजिटरी को भेजता है डिपाजिटरी संबंधित कंपनी को शेयर प्रमाण पत्र वापस करती है। कंपनी इन प्रमाण पत्रों को रद्द करके डिपाजिटरी को सूचित करती है। डिपाजिटररी ग्राहक के डीमेट खाते में शेयर क्रेडिट कर देता है।

अन्य बातें

1. शेयरों के डीमेट हो जाने से शेयरों के नकली, फर्जी या चोरी होने की सम्भावना नहीं रहती है।
2. डीमेट खाते से शेयर बेचने का हतान्तरण स्टाम्प शुल्क नहीं लगता है।
3. निवेशक डीमेट खाते में कितने ही शेयर खरीद या बेच सकता है। अब लाट या आड लाट की समस्या नहीं है।

4. डीमेट एकाउंट में नामांकन की सुविधा प्राप्त है।
5. पत्राचार का पता बदलने में सुविधा है। परिवर्तन की सूचना केवल डी० पी० को देनी होती है।
6. कंपनी से मिलने वाले बोनस या राइट शेयर तुरन्त आपके डीमेट एकाउंट में जमा हो जाएंगे।
7. डीमेट एकाउंट में कोई न्यूनतम शेष रखने की आवश्यकता नहीं होती है।
8. आप कितने ही डीमेट एकाउंट अलग-अलग डी० पी० के साथ खोल सकते हैं।
9. डी० पी० की सेवाओं का शुल्क डी० पी० और ग्राहक के आपसी समझौते पर निर्भर है।

शेयरों को रीमेट करना (REMATERIALISATION)

यदि कोई निवेशक अपने शेयरों को डीमेट कराने के बाद उन्हें भौतिक रूप में प्रमाण पत्र के रूप में वापस प्राप्त करना चाहता है, तो वह ऐसा कर सकता है। इसके लिए डी० पी० यह आवेदन पत्र डिपाजिटरी के माध्यम से कंपनी को भेजेगा और कंपनी नया शेयर प्रमाण पत्र जारी कर देगी। इस प्रक्रिया को शेयरों का रीमेट कराना कहा जाता है।

पैन (PAN)

यह आयकर विभाग द्वारा अपने करदाताओं के लिए जारी किया गया परमानेन्ट एकाउंड नम्बर होता है। शेयर कारोबार के प्रत्येक लेन-देन में इस नम्बर को अंकित करना होता है। बिना पैन के डीमेट एकाउन्ट के शेयर का कारोबार नहीं हो सकता। अतः पैन का होना अति आवश्यक है। पैन कार्ड प्राप्त करने के लिए आयकर विभाग की वांछित औपचारिकताएं पूर्ण करनी होती हैं।

मार्केट कैप (MARKET CAP)

किसी सकंपनी द्वारा निर्गत किए गए कुल शेयरों का किसी दिन विशेष का बाजार मूल्य ही उस कंपनी का मार्केट कैप कहा जाता है। इसकी गणना के लिए उस दिन शेयर बाजार में उस कंपनी के शेयर के चालू मूल्य से सभी निर्गत शेयरों की संख्या से गुणा कर दिया जाता है। इस मार्केट कैप को ही सेंसेक्स की गणना का आधार बनाया जाता है तथा इसी के आधार पर कंपनी के आकार का निर्धारण किया जाता है। जैसे–

1. 1500 करोड़ रुपए तक की मार्केट कैप वाली कंपनियां स्माल कंपनी की श्रेणी में आती हैं तथा इनके शेयरों को स्माल कैप कहा जाता है।
2. 1500 से 5000 करोड़ रुपए तक की मार्केट कैप वाली कंपनियां मध्म श्रेणी की कंपनी कही जाती हैं और इनके शेयरों को मिड कैप कहा जाता है।
3. 5000 करोड़ रुपए से अधिक मार्केट कैप वाली कंपनियों को बड़ी कंपनियों की श्रेणी में रखा जाता है। और इनके शेयरों को लार्ज कैप कहा जाता है।

10

महत्वपूर्ण जानकारियां

शेयर बाजार के शब्द एवं संकेत

शेयर बाजार अपने आप में एक पहेली है। इस पहेली को और अधिक अबूझ बना देती हैं शेयर बाजार में बोली जाने वाली बोलियां और संकेत। इन शब्दों और संकेतों का अर्थ जानने वाले लोग तो इशारों में ही मनचाहे सौदे कर लेते हैं लेकिन अनजान व्यक्ति इनका मुंह ताकता रह जाता है। कुछ नमूने के शब्द हैं–

अल्फा शेयर	Alpha Share	औंधा बदल	Backwardation
बुल	Bull	वियर	Bear
कुत्ता-बिल्ली शेयर	Dog-Cat Share	बीटा शेयर	Cow Share
बदला	Beta Share	लिवाली	Liwali
बिकावली	Bikwali	लार्ज कैप	Large Cap
स्माल कैप	Small Cap	तेल की मिठाई	Tel ki Mithai
भसान	Bhasan	धोती खुलना	Dhoti Khulna
नाडा तंगी	Nada Tangi	ब्लू चिप्स शेयर	Blue Chips Share
बोनस शेयर	Bonus Share	राइट शेयर	Right Share
कम	Cum	एक्स	Ex
हेयर कट	Hair Cut	हवाला	Hawala
खोखा	Khokha	आप्शंस	Options
मार्केट कैप	Market Cap	टिप	Tip
शेयरों का अपहरण	Forfeiture of Share	रूमाली सौदा	Rumali Sauda

इसी प्रकार के शेयर बाजार से संबंधित अन्य हजारों शब्दों के अर्थ, परिभाषाएं, शेयर बाजार के इशारे, संकेत एवं अन्य अन्दरूनी बातों की पूर्ण एवं प्रामाणिक जानकारी के लिए हिन्द पॉकेट बुक्स द्वारा प्रकाशित नवीनतम पुस्तक "शेयर बाजार शब्द कोश" की सहायता लेकर अप-टू-डेट बनें और सेंसेक्स को जीतें।

आपकी डायरी

यदि आप शेयरों के क्रय-विक्रय में रुचि ले रहे हैं और यह कार्य आपको पसन्द आ गया है, तो निश्चित ही भविष्य में अनेक प्रकार की प्रतिभूतियों का क्रय-विक्रय आपके द्वारा किया जाएगा और समय-समय पर विभिन्न प्रकार के निर्णय लिए जाएंगे, जिनके लिए विभिन्न प्रकार की सूचनाओं की आवश्यकता होगी। व्यवसाय में यह माना जाता है कि कोई भी निर्णय तब तक उचित नहीं कहा जा सकता, जब तक कि उसका प्रभावी फालोअप (अनुश्रवण या मानीटरिंग) न किसा जाए, अर्थात जितना महत्वपूर्ण निर्णय लेना है, उतना ही महत्वपूर्ण उस निर्णय को लागू करना और उसका फालोअप करना है। फालोअप के अभाव में अच्छे-से-अच्छे निर्णय तहस-नहस हो जाते हैं। अतः यदि आप एक विनियोक्ता हैं, तो आपको परामर्श दिया जाता है कि विनियोग करने के बाद आप सो न जाएं, वरन् निरंतर चौकसी और सजगता रखें और यदि विनियोग सौदों की संख्या अधिक है, तो अपनी एक व्यक्तिगत डायरी तैयार करें और समस्त लेन-देनों का विवरण इस डायरी में रखें।

डायरी क्यों?

डायरी से आशय यहां किसी विशेष डायरी से नहीं है, वरन विवरण लिखने की पुस्तक से है। यह डायरी, रजिस्टर, नोट बुक आदि किसी भी रूप से हो सकती है। विनियोगों के लिए डायरी रखना आवश्यक हो जाता है।

क्योंकि

1. सभी लेन-देनों को मौखिक रूप से याद नहीं रखा जा सकता है।
2. बिना विवरण के अपने विनियोगों की अद्यतन स्थिति नहीं ज्ञात की जा सकती है।
3. लेन-देन में कोई भूल-चूक होने पर मौखिक विवरण पर कोई अन्य व्यक्ति विश्वास नहीं करता।
4. डायरी में विवरण लिखा होने से किसी भी समय किसी भी प्रतिभूति का लाभ-हानि ज्ञात किया जा सकता है।
5. डायरी में उपलब्ध सूचनाओं के आधार पर आप संबंधित पक्षों को स्मृति-पत्र आदि भी लिख सकते हैं।
6. आप की अनुपस्थिति में आपके उत्तराधिकारी भी आपके विनियोगों का विवरण जान सकते हैं।

मेरी राय में आप अपनी डायरी में निम्न प्रकार की सूचनाएं रख सकते हैं–

पहला पन्ना

वर्ष : ....

आपका नाम : ....

निवास का पूर्ण पता : ....

कार्यालय या व्यावसायिक स्थल का पता:...

....

दूसरा पन्ना

- शेयर-बाज़ारों के नाम, जहां से आप अधिकांश लेन-देन करते हों ....

  ....
- शेयर-बाज़ार का पूर्ण पता, (वर्तमान अध्यक्ष के नाम सहित) यदि कभी

शिकायत दर्ज़ करानी पड़े ....

- ब्रोकर-ब्रकोरों के नाम व पूर्ण पते जिनके माध्यम से आप सौदे करते हैं ....
- ब्रोकरों के टेलीफ़ोन नंबर व टेलीग्राफिक पते। जैसे ई-मेल पता, मोबाइल नंबर आदि ....
- ब्रोकरों के अधिकृत लिपिकों के नाम आदि ताकि यदि ब्रोकर की अनुपस्थिति में आप कोई सूचना छोड़ें, तो आप यह जान सकें कि किस लिपिक को संदेश दिया था ....
- बैंकर का विवरण जिसके माध्यम से आप अधिकांश वित्तीय लेन-देन करते हों ....

तीसरा पन्ना

नए निर्गम वाली कंपनियों में आवेदन पत्रों का विवरण

क्रमांक	कंपनी का नाम व पता	आवेदन पत्र भेजने की दिनांक	आवेदित शेयरों की संख्या	प्रेषित धनराशि का विवरण ड्राफ्ट संख्या सहित
1	2	3	4	5

आबंटन आदेश प्राप्त होने की तिथि	आबंटन राशि भेजने का विवरण	शेयर सर्टीफिकेट आने का विवरण	शेष वापस प्राप्त राशियों का विवरण	अन्य विवरण
6	7	8	9	10

चौथा पन्ना

मनपसंद कंपनियों का विवरण

क्रमांक	कंपनी का नाम व पता	स्थापना का वर्ष	कंपनी क्या उत्पाद बनाती है?	प्रबंध निदेशक या प्रमुख संचालकों के नाम व पते
1	2	3	4	5

ग्रप का नाम व कंपनी किस ग्रुप की है	कंपनी की पुस्तकें बन्द होने की संभावित तिथि	गत कई वर्षों की डिविडेंड की दरें और उनका रूख	यदि बीच में समाचार-पत्रों या अन्य माध्यमों से कंपनी के संबंध में कोई सूचना मिलती है	अन्य विवरण
6	7	8	9	10

पांचवां पन्ना

शेयरों का विवरण

क्रमांक	कंपनी का नाम, जिसके शेयर हैं	शेयरों की संख्या	शेयरों का अंकित मूल्य	शेयरों के नंबर
1	2	3	4	5

आबंटन या क्रय की तिथि	डिविडेंड की दर तिथि के साथ	डिविडेंड की प्राप्त धनराशि सहित	बोनस या राइट शेयरों का विवरण यदि जारी हुए हैं	अन्य विवरण
6	7	8	9	10

छठा पन्ना

डिबेंचरों, बांड आदि का विवरण

क्रमांक	कंपनी का नाम, जिसके डिबेंचर हैं	डिबेंचर आबंटित होने या क्रय करने की तिथि	क्रय मूल्य	डिबेंचरों की विवरण
1	2	3	4	5

ब्याज-दर एवं देय तिथि	ब्याज प्राप्ति का विवरण	शेयरों में परिवर्तन की संभावित तिथि	भुगतान वापसी की तिथि	अन्य विवरण
6	7	8	9	10

सातवां पन्ना

यू.टी.आई/म्यूचुअल फंड व अन्य प्रतिभूतियों का विवरण

क्रमांक	प्रतिभूति का नाम	जारी करने वाली संस्था का नाम व पता	जारी करने या क्रय करने की तिथि	प्रतिभूतियों के नंबर आदि
1	2	3	4	5

ब्याज/ डिविडेंड की दर	प्रतिफल प्राप्ति का दिनांक	धनराशि वापसी की तिथि	अन्य कोई लाभ (बोनस आदि)	अन्य विवरण
6	7	8	9	10

आठवां पन्ना

आयकर का विवरण

(यदि आप आयकर-दाता हैं)

1. आयकर कार्यालय का स्थाई नंबर ....
2. पैन नंबर ....
3. डीमेट एकाउंट नंबर ....
4. डी० पी० का नाम व पता ....
5. प्रतिभूतियां जिनकी आय पर कर देय है...
6. स्रोत पर यदि कर की कोई कटौती हुई हो तो विवरण ....
7. प्रतिभूतियों पर मिलने वाली छूट के नियम...
8. आयकर के नए प्रावधान...
9. रिटर्न भरने की तिथि ....

नवां पन्ना

कंपनियों की आर्थिक सूचनाएं

1. महत्त्वपूर्ण अनुपात
2. कंपनियों के लाभ
3. महत्वपूर्ण घोषणाएं
4. कंपनियों में महत्वपूर्ण परिवर्तन
5. कंपनियों के संबंध में समाचार-पत्रों की राय
6. कुछ ऐसी नई कंपनियों के विवरण, जिनमें भविष्य में विनियोग की संभावनाएं हों।

इस प्रकार आप डायरी के अन्य पृष्ठों में भी महत्वपूर्ण सूचनाएं अंकित कर सकते हैं। इस डायरी को सुरक्षित स्थान पर रखें और केवल एक ही व्यक्ति इसमें लिखा करे, तो अच्छा होगा।

डायरी आपकी रक्षा करती है

अनेक व्यक्ति इस भय से डायरी तैयार नहीं करते हैं कि कहीं आयकर विभाग के छापे में उनकी डायरी पकड़ी न जाए और उन्हें भारी मात्रा में कर देना पड़े या उनके कारोबार का भेद खुल जाए। हमारी राय में आपका यह भय निरर्थक है। आप गम्भीरता से सोचें कि कोई भी कार्य आप क्यों कर रहे हैं? सम्मानपूर्वक जीवन व्यतीत करने के लिए, तो फिर यह भय कैसा? सरकार-द्वारा जो भी नियम बनाए गए हैं, उन्हें मानना प्रत्येक नागरिक का कर्त्तव्य है। फिर आप यह भी तो सोचिए यदि आप अपनी आय या व्यवसाय को छिपा रहे हैं तो ऐसा तो नहीं कि आपका कोई लेन-देन अन्य कहीं दर्ज नहीं होगा। अन्य सूत्रों से यदि आप पकड़े गए और सरकार ने आप पर जुर्माना किया तो यह जुर्माना उस राशि से अधिक होगा जो वास्तव में आप हिसाब-किताब रखकर सम्मान के साथ सरकार को टैक्स देते और सिर ऊंचा करके सम्मानित नागरिक की तरह जीवन व्यतीत करते। ऐसी निरर्थक बातों से कोई लाभ नहीं है कि शासन को जुर्माना भी दें और समाज में अपराधी बन कर भी रहें। वैसे भी प्रतिभूतियों की आय का भुगतान करते समय कम्पनियां स्वयं आयकर आदि की कटौती कर लेती हैं। आपकी डायरी आपको विभिन्न प्रकार की सूचनाओं से सज्जित रखेगी और आपके आत्म-सम्मान और विश्वास को बढ़ाएगी।

महत्त्वपूर्ण पते

1. **बी.एस.ई.,**
   बॉम्बे स्टाक एक्सचेंज लि.
   फिरोज जीजीभाय टावर्स
   दलाल स्ट्रीट, मुम्बई-01
   टेलीफ़ोन-91-22721233
   फैक्स - 91-22-22721919
   वेब - www.bseindia.com

2. एन.एस.ई.

नेशनल स्टाक एक्सचेंज ऑफ इंडिया लि.

एक्सचेंज प्लाजा, सी /1 जी ब्लाक,

बांद्रा-कुरला काम्पलेक्स

बांद्रा (पूर्व) मुम्बई-51

टेलीफ़ोन - 022-26598100-14

वेब - www.nseindia.com

3. सेबी मुख्यालय

रिक्योरिटीज एंड एक्सचेंज बोर्ड ऑफ इंडिया,

मित्तल कोर्ट, 'बी' बिंग, प्रथम तल,

224, नारीमन प्वाइंट, मुम्बई-21

टेलीफ़ोन-91-22-22850451-56

फैक्स - 91-22-22045633

वेब - www.sebi.gov.in

4. सीडीएसएल मुख्यालय

सेन्ट्रल डिपाजिटरी सर्विसेज लि.

फिरोज जीजीभाय टावर्स, 16वां तल

दलाल स्ट्रीट, मुम्बई-400 001

टेलीफ़ोन-91-22-22723333

फैक्स - 91-22-22723199/22722072

5. एनएसडीएल मुख्यालय

नेशनल सिक्योरिटीज डिपाजिटरी लि.

ट्रेड वर्ड, ए विंग, चौथा व पांचवां तल,

कमला मिल्स कम्पाउंड, लोवर पारेल,

मुम्बई- 400 013

टेलीफ़ोन-91-022-24994200 (60 लाइनें)

फैक्स - 91-022-24972993/24976351

6. **कंपनी लॉ बोर्ड**
पांचवां तल, ए विंग, शास्त्री भवन,
डॉ. राजेन्द्र प्रसाद मार्ग,
नई दिल्ली-110 001
टेलीफ़ोन-011-23383662
फैक्स - 011-23382265

महत्वपूर्ण वेबसाइट्स

www.bseindia.com
www.nseindia.com
www.sebi.gov.in
www.cdslindia.com
www.equitymaster.com
www.sharekhan.com
www.capitalmarket.com
www.indiabulls.com
www.moneycontrol.com
www.clb.nic.in
www.mutualfundsindia.com
www.myiris.com
www.nsdl.co.in
www.icicidirect.com
www.indiainfoline.com
www.investsmartindia.com
www.capitalideasonline.com

निवेशक कहां शिकायत करें ?

निवेशक से त्रुटियां भी होती हैं, कुछ शेयर दलाल या कम्पनियां धोखा भी देती हैं। अतः निवेशक को यदि कोई समस्या है, तो उसे निम्नलिखित कार्यवाही करनी चाहिए–

1. सम्बन्धित शेयर बाज़ार के प्रबन्ध तन्त्र से तत्काल शिकायत करनी चाहिए। सभी शेयर बाज़ारों में शिकायती सेन्टर होते हैं।

2. शेयर बाज़ारों पर नियन्त्रण रखने के लिए सरकार ने भारतीय प्रतिभूति एवं विनिमय बोर्ड (Securities and Exchange Board of India–SEBI) की स्थापना की है, यह एक वैधानिक संस्था है, जो निवेशकों के हितों की रक्षा करती है तथा निवेशकों के हित में नियम बनाती है। शेयर बाज़ार के कामकाज को पारदर्शी बनाती है। शेयर, कंपनी, दलाल आदि की शिकायत सेबी से भी की जा सकती है। पता निम्नलिखित है–

सिक्योरिटीज एंड एक्सचेंज बोर्ड ऑफ इंडिया,
इन्वेस्टर ग्रिवेंस एंड गाइडेंस डिवीजन
पो. बाक्स नं. 19972
नारीमन प्वाइंट पो.आ.
मुंबई-02

शिकायती पत्र का नमूना

INVESTOR COMPLAINT FORMAT

(Use separate forms for each company / complaint)
(Please tick (✓) the appropriate item and complete all columns in Capital Letters)

To
Securities & Exchange Board of India
Investor Grievance & Guidance Division,
P. B. No. 19972, Nariman Point P. O.
Mumbai 400021.

FOR SEBI USE ONLY		
Comp. Code	Type	Cat.

Dear Sirs,
Kindly take up the matter with the Company for immediate redressal of my complaint, particulars of which are as under:

1) Name and address of the investor.
____
____
____
____

2) Name and Address of the Company
____
____
____
____

3) Name of the Registrar and Transfer Agent (if any) : _______________

4) SEBI Acknowledgement Reference No. : _______________
(in case of reminder)

5) Nature of complaint :
Type / Category :

(i) **Issue / Offers**__________ non-receipt of

- ☐ Refund Order/Allotment Advice
- ☐ Duplicate RO for correct amount
- ☐ Cancelled Stock Invest (S.I.)
- ☐ Copy of encashed RO
- ☐ Allot against encashed S.I.
- ☐ Short Refund
- ☐ Revalidation of Refund Order (RO)
- ☐ Duplicate RO after indemnity
- ☐ RO after details furnished
- ☐ Duplicate RO for correct bank details
- ☐ Duplicate RO after correction

(ii) **Dividend** __________ non-receipt of

- ☐ Dividend

(iii) **Shares** __________ non-receipt of certificates in/after:

- ☐ Exchange of allotment letter
- ☐ Conversion
- ☐ Splitting
- ☐ Transfer
- ☐ Endorsement
- ☐ Bonus
- ☐ Transmission
- ☐ Consolidation
- ☐ Duplicate on submission of Indemnity bond

(iv) **Debentures / Bonds** __________ non-receipt of certificates in/after:

- ☐ Interest
- ☐ Transfer
- ☐ Consolidation
- ☐ Redemption Amount
- ☐ Transmission
- ☐ Splitting
- ☐ Exchange of Allotment Letter
- ☐ Endorsement
- ☐ Duplicate on submission of Indemnity bond
- ☐ Interest on delayed interest payment
- ☐ Interest on delayed redemption amount

(v) **Miscellaneous**__________ non-receipt of :

- ☐ Annual Report
- ☐ Registration of change in address
- ☐ Interest on delayed dividend
- ☐ Brokerage / Commission payment
- ☐ Offer for Rights
- ☐ Interest on delayed refund payment
- ☐ Non-listing of securities on stock exchange
- ☐ Any other (specify)

6) Particulars of the application/securities held

(a) Full name of first applicant/security holder : ____________________

(b) Application Form No./Folio No. (Seller's in case of Transfer) : ____________________

(c) No. of Securities applied / hold : ____________________

(d) Kind of Security ☐ Shares ☐ Debentures ☐ Others ☐ Cash ☐ Cheque/ D.D. ☐ Stock-invest

(e) Mode of payment details : No. ______ Dated ______ Drawn on ____________

(f) Application deposited at : ____________________

(g) Bank Serial No. : ____________________

(h) Photocopy of Bank Certificate enclosed ☐ Yes ☐ No

(i) Photocopy of acknowledgement slip enclosed ☐ Yes ☐ No

(j) Original Refund Order No. (in case of revalidation / duplicate) : ____________________

(k) Period on/ for which dividend interest/ maturity amount/redemption amount due : ____________________

(l) Date on which securities were forwarded to Company / Registrars : ____________________

(m) Indemnity Bond sent for issue of duplicate ☐ Yes ☐ No
If yes, date:

7) Other details if any, in brief : ____________________

____

____

8) Dates of earlier correspondence with the Company/Registrars : ____________________

9) Enclosure, if any : ____________________

Place Date Signature of the First Applicant / Security Holder

NOTE: It would be advisable to address the complaints to SEBI only if the Company/ Registrars have not respondend in spite of having sent two reminders over a period of atleast one month.

- -

INVESTOR'S CONSENT (OPTIONAL):

I hereby give my consent to sharing of information on my complaint with recognised Investor Associations to facilitate filling of CLASS ACTION SUITS or legal action in consumer courts, or in any forum against defaulting companies

Place Date Signature of the First Applicant/Security Holder

•••